UNIVERSITÉ DE NANCY

FACULTÉ DE DROIT

LA
PROPRIÉTÉ ARTISTIQUE
DANS LES ARTS DU DESSIN

THÈSE
POUR LE DOCTORAT EN DROIT

PRÉSENTÉE PAR

René DEMANGE

NÉ À RAON-L'ÉTAPE (VOSGES), LE 3 JUIN 1874

L'ACTE PUBLIC SERA SOUTENU

Le Mercredi 29 Juin 1898, à quatre heures du soir

Président : M. BOURCART, *professeur*,
Suffragants { MM. BEAUCHET, *professeur*,
Chrétien, *professeur*.

NANCY
IMPRIMERIE KREIS, RUE SAINT-GEORGES

1898

LA

PROPRIÉTÉ ARTISTIQUE

DANS LES ARTS DU DESSIN

A LA MÉMOIRE DE MA MÈRE

A MON PÈRE ET AUX MIENS

FACULTÉ DE DROIT

LA
PROPRIÉTÉ ARTISTIQUE
DANS LES ARTS DU DESSIN

THÈSE
POUR LE DOCTORAT EN DROIT

PRÉSENTÉE PAR

René DEMANGE

NÉ A RAON-L'ÉTAPE (VOSGES), LE 3 JUIN 1874

L'ACTE PUBLIC SERA SOUTENU

Le Mercredi 29 Juin 1898, à quatre heures du soir

Président : M. BOURCART, *professeur,*
Suffragants { MM. BEAUCHET, *professeur,*
{ CHRÉTIEN, *professeur.*

NANCY

IMPRIMERIE KREIS, RUE SAINT-GEORGES

1898

FACULTÉ DE DROIT

Doyen : M. LEDERLIN, ✳, I ⬤.
Doyen honoraire : M. JALABERT, ✳, I ⬤.
Professeur honoraire : M. LOMBARD (Ad.), ✳, I ⬤.
MM. LEDERLIN, ✳, I ⬤, Professeur de Droit romain, Chargé du cours de Pandectes, et Chargé du cours d'Histoire du droit (Droit français étudié dans ses origines féodales et coutumières).

LIÉGEOIS, I ⬤, Professeur de Droit administratif, et Chargé du cours d'Histoire des Doctrines économiques.

BLONDEL, I ⬤, Professeur de Code civil, et Chargé du cours de Principes du Droit public et de Droit constitutionnel comparé.

BINET, I ⬤, Professeur de Code civil, et Chargé du cours d'Enregistrement.

GARNIER, I ⬤, Professeur d'Économie politique, et Chargé du cours de Législation financière.

MAY, I ⬤, Professeur de Droit romain, et chargé du Cours de Pandectes et du cours de Droit international public (Doctorat).

GARDEIL, I ⬤, Professeur de Droit criminel, et chargé du cours de Législation et Économie industrielles.

BEAUCHET, I ⬤, Professeur de Procédure civile, et Chargé du cours de Procédure civile (Voies d'exécution) et du cours de Législation et Économie coloniales.

BOURCART, I ⬤, Professeur de Droit commercial.

GAVET, I ⬤, Professeur d'Histoire du Droit.

CHRÉTIEN, I ⬤, Professeur de Droit international public et privé.

CARRÉ DE MALBERG, A ⬤, Professeur de Droit constitutionnel et administratif.

GAUCKLER, I ⬤, Professeur de Code civil.

MELIN, Docteur en Droit, Chargé de Conférences.

LACHASSE, I ⬤, Docteur en Droit, Secrétaire honoraire.

YALEGEAS, A ⬤, Docteur en Droit, Secrétaire.

La Faculté n'entend ni approuver ni désapprouver les opinions particulières du candidat.

INTRODUCTION

Dans toutes les branches de l'activité humaine, le travail a pour but d'utiliser les produits de la nature, de les mettre au service des besoins de l'homme. L'artiste qui fait un tableau, le sculpteur qui taille un bloc en marbre met en œuvre son activité physique et surtout son activité intellectuelle, il utilise le produit de la nature, en se servant des trésors de son imagination des connaissances qu'il a acquises. Son travail est d'une essence supérieure à tout autre, il a pour but la réalisation d'un idéal qu'il s'est créé, au moyen d'une méthode dont les éléments sont sans doute empruntés à l'expérience des temps passés, mais auxquels l'artiste ajoute son idée personnelle, l'impression qu'il a ressentie, la manière dont il comprend la nature.

C'est cette différence énorme entre le travail de l'artiste et celui de l'ouvrier qui a justifié cette expression de création artistique. La philosophie et la science défendent à l'homme de créer quoique ce soit, comme elles lui défendent de détruire un atôme. L'artiste se rit de ces interdictions, il ne crée pas, il imagine dans son esprit et compose dans son œuvre.

La propriété qui naît de tout travail, doit être reconnue à l'artiste, comme à tout individu, qui a obtenu un résultat quelconque au moyen de son activité intellectuelle. Le travail, l'effort de l'homme s'appliquant à améliorer la matière, à tirer parti de la nature est, au point de vue abstrait, la seule légitimation de la propriété individuelle.

S'il en est ainsi, la propriété intellectuelle est à l'abri de tout soupçon, elle est en première ligne au point de vue du droit pur, elle a le droit de ne pas se trouver atteinte par la formule d'un Proudhon « la propriété, c'est le vol. »

La propriété artistique occupe une place trop haute dans le domaine de la propriété intellectuelle, pour qu'il soit besoin de rien ajouter pour la légitimer. La forme spéciale, l'empreinte de la personnalité de son auteur, font que sa composition est rattachée d'une façon indiscutable à sa personne même. L'artiste à des droits de paternité sur la forme même l'expression qu'il a donnée à son idée, cette forme est véritablement personnelle ; lui seul a pu la créer telle qu'elle est, il est interdit à tout autre et à lui-même d'en créer dorénavant une qui lui soit adéquate. La composition, l'expression de l'idée artistique peut traverser le domaine des arts plastiques et délinéatoires, elle conserve son caractère propre, elle apparaît telle que l'a créée son auteur avec la marque ineffaçable de sa personnalité, puisqu'elle est le résultat d'un travail, d'un effort intellectuel, d'une création ; enfin, il faut reconnaître qu'elle doit être l'objet d'un droit de propriété au profit de son auteur, que personne autre que lui ne pourra la répandre, la publier, la reproduire par les moyens innombrables que la science moderne a mis au service de l'art.

Si les peuples de l'antiquité n'ont pas vu là un droit

de propriété quelconque, cela n'a rien qui doive étonner ;
et il est aujourd'hui bien banal de faire remarquer que
ce sont les conséquences directes d'un fait primordial qui
ont été découvertes les dernières, parce qu'elles sont
souvent aussi les plus abstraites. La sagesse des nations
n'a que de très vagues rapports avec un raisonnement
bien fait.

Ceci ne veut pas dire que les artistes aient toujours
été au ban des sociétés ; sans doute, il en est qui se sont
montrés plus ou moins favorables aux peintres, aux
sculpteurs souvent parce qu'elles ne comptaient parmi
leurs membres, ni sculpteurs, ni peintres, ni architectes.
L'art a obéi comme toutes choses, aux lois de l'évolution, il est né et s'est développé à des moments parfois
très éloignés pour deux peuples différents.

On trouve cependant une interdiction frappant les
arts chez les Musulmans ; elle se trouverait dans les
conversations du prophète, qui forment, sous le nom de
H'aditt, la loi traditionnelle musulmane, où il est dit :

« Dieu m'a envoyé contre trois sortes de gens pour
« les anéantir et les confondre ; les orgueilleux, les
« polythéistes et les peintres... Malheur à celui qui aura
« peint un être vivant ! Au jour du jugement dernier
« les personnages qu'il aura représentés s'élanceront
« hors du tombeau et viendront à lui en lui demandant
« une âme, alors cet homme impuissant à vivifier son
« œuvre, brûlera dans les flammes éternelles (1). »

La tradition qui est basée sur ces paroles n'en est
en réalité qu'une fausse interprétation et il est avéré

---

(1) Florian Pharaon. La peinture et la sculpture chez les Musulmans. *Gazette des Beaux-Arts*, année 1869 (2ᵉ série, 1, 442).

aujourd'hui que le prophète ne voulait par là toucher que les fabricants d'idoles : d'ailleurs l'histoire des sultans montre que la peinture n'a pas toujours été frappée d'interdiction. La mosquée de Damas que fit construire Oualed, fils d'Ab-el-Malik, était ornée de peintures, l'image du prophète avait été peinte sur les portes du temple de Jérusalem, il y avait des peintres célèbres chez les musulmans comme chez tous les peuples, tels, par exemple, Ebn-Agiz et El-Kasir.

La réputation et l'honneur ont donc été, au terme d'un certain développement de la civilisation, considérés comme une dette du peuple envers les artistes, et si l'on ne se rendait pas compte d'un droit existant à leur profit, les souverains se sont de tous temps attachés à les combler de leurs faveurs.

Il n'est guère de monarque absolu qui n'ait tenu à s'environner d'artistes pour bien faire savoir qu'il encourageait l'étude du beau ; pas davantage qui n'ait songé à imprimer un caractère spécial à l'art contemporain de son règne, et n'ait de ce chef exercé une influence plus ou moins salutaire sur le développement de la peinture et de la sculpture.

Les Etats modernes se sont crus pour la plupart obligés de marcher sur leurs traces à tort ou à raison, d'exercer une influence quelconque sur le monde des artistes. L'État français fait des commandes à des artistes travaillant peu pour d'autres que lui, et il n'est guère de ministre des beaux-arts qui ne se considère comme le grand régulateur du développement d'une catégorie d'études relevant selon lui de sa compétence exclusive.

Or si l'on comprend en ce sens la protection légale de l'art, on peut dire que rien n'est plus funeste à l'art et aux artistes. Comme l'a fait remarquer M. C. Bigot (1), on aboutit à la création d'une catégorie d'artistes officiels dont la médiocrité se laissera guider par les prétentions absolues d'un ministre ou d'un directeur.

Le système de l'encouragement est mauvais en principe, cet encouragement fut-il donné aux arts par l'État. Dans l'espèce, qu'est-ce que l'État ? c'est un ministre avec ses bureaux, son comité consultatif, c'est une administration, une chose établie, une institution où l'idée de la tradition, est dominante, qui n'a pas les revirements, les changements d'opinions, qui se rencontrent dans le public, qui ne s'adonnera pas à une œuvre si elle ne répond pas à certaines règles pesées d'avance et qui sont la déclaration de principes de l'art officiel. Ennemie de toute évolution de tout changement d'école, de toute transformation dans la manière d'un artiste, en voulant récompenser le talent elle n'est qu'une prime à la médiocrité routinière. Elle base sa faveur sur le mérite des œuvres, elle n'arrive qu'à favoriser les faiblesses, parce qu'elle est une chose humaine capable de toutes les erreurs, aussi bien que de toutes les injustices.

Le mérite d'un ouvrage ne doit pas être la base de la protection de la loi, ni cette protection, un encouragement donné aux artistes par le gouvernement, car qui dit encouragement, dit par là même direction, éducation.

____

(1) L'art et la politique, par C. Bigot. *Revue politique et littéraire.* 1877, numéro du 3 février.

La protection de la loi ne peut-être que dans la reconnaissance au profit de l'artiste du droit qui lui appartient dans toute branche de l'art sur sa composition et la reproduction de cette composition. Reconnaître la propriété artistique à tous, sans distinction de talent, de mérite, l'étendre à toutes les branches de l'art, c'est la seule sauvegarde que la société puisse donner à ceux dont le génie la glorifie. Mettre cette propriété au-dessus des atteintes malhonnêtes, ne pas la sacrifier, elle plus jeune, à la vieille propriété matérielle, celle du laboureur et de l'artisan, c'est mettre dans la main de l'artiste la seule arme qui puisse lui servir dans la lutte pour la vie, c'est lui assurer la rémunération d'un travail qui dépasse tous les autres par son but, lui donner en même temps que le bien-être matériel le moyen de se distinguer et d'arriver à la gloire.

En faisant cela, la société n'accorde pas une faveur aux artistes, elle reconnaît leur droit pour ce qu'il est en réalité, un droit privé, et non une situation privilégiée, ce n'est pas un sacrifice qu'elle fait en faveur de la gloire qui lui est acquise par le monde des artistes, c'est un devoir qu'elle remplit.

On verra au cours de cette étude que la législation française n'a pas toujours précisé le droit des artistes, que la jurisprudence les a souvent laissés en butte aux spéculations quelquefois malhonnêtes de leurs cocontractants, et cela pour ne pas abandonner un prétendu principe juridique ; car les règles de la propriété et de la vente ordinaire ne conviennent pas plus à la propriété artistique qu'aux mœurs des artistes. La propriété dont je vais parler revêt un caractère spécial, dérivé de la création, de la paternité artistique, c'est ce caractère que je vais essayer de mettre en lumière principalement.

Je ne parlerai donc que des règles spéciales à la propriété artistique dans le domaine des arts du dessin. Je laisserai de côté les règles applicables à la propriété littéraire et artistique ou à toute propriété artistique en général. Tout au moins je ne parlerai de ces règles que brièvement quand le besoin s'en fera sentir pour le développement d'une application spéciale à la propriété artistique dans les arts du dessin.

Je ne dirai donc rien du droit en général, ni de sa durée, ni de son caractère ; on ne trouvera pas davantage les règles de la transmission par succession ou cession de la propriété littéraire ou artistique en général pas plus que les principes généraux et les règles de procédure en matière de contrefaçon.

Au contraire j'ai à signaler tous les caractères distinctifs, les règles spéciales, les controverses qui sont soulevées uniquement, en matière artistique, à propos des arts du dessin, tout ce qui en est, en quelque sorte, l'apanage exclusif.

CHAPITRE I

Historique de la propriété artistique.

§ 1er. — Introduction

Dans son rapport à la Convention sur le décret relatif
à la propriété des auteurs et des artistes, Lakanal
faisait en ces termes ce qu'il appelait « la déclaration
des droits du génie ».

« De toutes les propriétés, la moins susceptible de
« contestation, celle dont l'accroissement ne peut ni
« blesser l'égalité républicaine, ni donner d'ombrage à
« la liberté, c'est, sans contredit, celle des productions
« du génie, et, *si quelque chose doit étonner, c'est qu'il*
« *ait fallu reconnaître cette propriété, assurer son libre*
« *exercice par une loi positive* ».

L'opinion de Lakanal à ce sujet, ainsi que celle des
conventionnels et de tous les hommes de la Révolution
est donc qu'il s'agissait moins de créer un droit que de
proclamer un principe méconnu, étouffé sous la masse
des abus, travesti par la faveur royale, qui en avait fait
un pseudo-privilège. La propriété intellectuelle, disaient-
ils encore, « est la plus sacrée, la plus légitime, la plus
inattaquable de toutes ». Dans la Constitution de l'an III,
elle est placée au même rang que la liberté, l'égalité
(art. 1), et proclamée libre de toute entrave, sans aucune
imitation privilège maîtrise ou jurande (art. 359).

Cette opinion des hommes de la Révolution sur la légitimité du principe de la propriété artistique est d'autant plus importante pour nous, que depuis, certains esprits, se plaçant à un point de vue philosophique, ont nié l'existence d'un droit quelconque au profit de l'artiste, sur ses œuvres, en dehors d'une loi écrite.

Les partisans de cette théorie prennent leurs arguments dans l'histoire même de la propriété intellectuelle, représentent les peintres et les écrivains des temps passés, comme moins soucieux d'une rétribution quelconque que de la gloire et de la faveur du souverain.

L'historique de la propriété artitisque aura donc la valeur d'un argument dans une discussion de théorie sans doute mais d'un intérêt considérable, il montrera si la propriété artistique n'est que l'invention d'un législateur habile, une fiction inventée pour le plus grand profit d'hommes moins épris de l'art que de la richesse, ou bien si, comme le disait Lakanal, il ne faut y voir qu'un principe longtemps méconnu, étouffé sous la masse des abus.

D'ailleurs il est permis avant tout de s'étonner de ce qu'un droit si hautement proclamé ne réponde à aucune réalité, et l'on peut difficilement se représenter ces artistes ne sentant point en eux, aux cours des luttes juridiques parfois fréquentes, l'assurance, la conviction, résultat d'un droit que l'on sait exister à son profit ne fût-ce que dans le domaine de l'équité. Ces artistes qui paraissent dédaigner toute rétribution, n'étaient-ils pas plûtot un peu opportunistes, et le plus souvent en faveur près du souverain, ne jugeaient-ils pas inutile une revendication peu en rapport avec les mœurs, la civilisation, la forme du gouvernement ?

On verra d'ailleurs le droit des artistes sur leurs œuvres s'affirmer de plus en plus, réclamer un appui dans la société, en chercher dans des institutions telles que les Maîtrises Communautés, obtenir enfin des actes législatifs et une organisation royale, l'Académie de peinture. Ce n'est pas là le spectacle d'un droit forgé de toutes pièces; il ne sort de l'imagination de personne, fait qui serait unique, il est le produit du développement de l'art, des moyens de reproduction et c'est pour avoir été violé qu'il a été affirmé et reconnu.

§ 2. — Antiquité

Les moyens de reproduction, si variés que l'industrie met au service de l'art, étaient totalement inconnus des anciens. La propriété artistique n'avait donc occasion de s'exercer qu'à propos de la simple copie, seul rejeton de l'œuvre du maître. L'intérêt pécuniaire représenté par la reproduction souvent unique, était trop peu considérable pour que l'on pût songer à une réglementation quelconque. Les contrefacteurs ne sont que des plagiaires en butte au seul mépris de leurs contemporains : on ne trouve pas dans les textes Romains la trace d'une sanction quelconque ; s'ils s'occupent de l'œuvre d'art au point de vue juridique, c'est seulement pour un cas d'excursion. Ils supposent un panneau peint sur une planche ou un mur : les Proculiens font de la peinture l'accessoire de la planche, les Sabiniens se refusent à admettre une solution aussi barbare, faisant au contraire de la planche l'accessoire de la peinture (1) : Une telle controverse n'a rien qui doive étonner étant données les idées Romaines au sujet des beaux-arts : cette race de guerriers croit ridiculiser les artistes en leur appliquant le surnom de *pictor*. — Justinien ne craignit pas de donner raison aux Sabiniens contre les Proculiens, et de reconnaître la prééminence de l'art sur la matière (2).

C'est qu'entre Gaius et Justinien la civilisation grecque avait, ici comme partout, exercé son influence sur les mœurs Romaines. Chez les Grecs en effet, le dessin sous toutes ses formes (peinture, sculpture, architecture) est regardé comme le premier des arts, il est interdit aux esclaves, réservé aux nobles qui se piquent d'y exceller. Les Grecs connaissaient d'ailleurs le surmoulage, avaient l'habitude de placer le portrait des auteurs en tête de leurs ouvrages, cependant la reproduction n'est l'objet d'aucune réglementation légale.

La propriété artistique n'est donc pas encore entré dans le domaine de la loi.

§ 3. — Moyen age et Renaissance

L'art est exercé au moyen âge comme un métier, les artistes forment des communautés absolument fondues avec les corporations des ouvriers : ainsi la corporation

(1) Gaius, t. II, 78.
(2) Institutes, II, 1, § 33 et 34.

des maîtres-maçons est aussi bien la communauté des
architectes, il n'y a pas de communauté de peintres et
de sculpteurs mais la corporation des imagiers (*Peintres
et Taillières-Ymagiers de Paris*).

La civilisation encore peu avancée dans notre ancienne
France n'avait pas fait la distinction de l'art et du métier que la Grèce avait établie de si bonne heure. Mais
si nos pères paraissaient ainsi faire bon marché des
œuvres du génie, les artistes y trouvaient leur compte,
classés au rang de simples ouvriers, ils se voyaient,
comme eux, protégés contre une concurrence déloyale.

Il fallait en effet pour être artiste passer par la même
filière que pour être artisan ; après avoir ajouté les
années de compagnonnage aux années d'apprentissage,
on se faisait admettre à la maîtrise en présentant son
« chef-d'œuvre ». D'ailleurs les artistes se livraient à
une foule d'occupations qui sont aussi bien du domaine
de la décoration d'appartement, de l'ameublement, de la
peinture en bâtiments même, que de la peinture proprement dite. L'art avait ainsi un champ d'application très
vaste que l'on essaye de lui rendre aujourd'hui en
imprimant à tous les objets d'ameublement un sens
artistique, un ensemble décoratif. Sur ce point les
anciens nous avaient précédé et l'art appliqué à l'industrie n'est pas chose nouvelle. Il faut pour être juste,
dire que ces artistes ne s'arrêtaient pas là dans cette
voie, ils joignaient à ces différents métiers, celui de
marchand de couleurs ou même de droguiste ; il est
donc permis de penser que cette activité considérable
était moins due à une conception très générale de l'art
qu'à une science du commerce bien compris.

Les artistes qui jouissaient de la faveur du souverain remplissaient également auprès de lui des fonctions qui n'avaient rien de commun avec l'art. L'art était en somme loin d'être émancipé, réglementé comme les métiers auxquels il était mêlé, surveillé de très près par les jurés ennemis de toute innovation, soucieux des traditions anciennes, pénétrant à toute heure dans les ateliers.

La conception artistique, l'élan de l'imagination vers l'idéal sont bien difficiles avec ces entraves ; mais le droit des artistes est sauvegardé, le résultat pécuniaire de leurs œuvres leur est assuré.

La Renaissance et la découverte de la gravure par Maso Finiguerra au xve siècle bouleversèrent cet état de choses. On découvre tout à coup les trésors que peut enfanter la reproduction par la gravure, cette multiplication fantastique de l'œuvre du maître ; on comprend que les règlements des communautés ne suffisent plus à arrêter la contrefaçon ; c'est alors que le pouvoir souverain devra intervenir.

A l'étranger, le droit des artistes est également violé maintes fois, et aussitôt hautement proclamé par eux ; cette sorte de crise qui nécessite la réglementation se produit en même temps pour la propriété littéraire et la propriété artistique : tandis que Luther fulmine contre les libraires-imprimeurs, les traite de voleurs, appelle sur eux la vengeance divine, Dürer réclame contre les graveurs de Venise l'appui du souverain.

Le Sénat de Venise n'osant s'aventurer dans une matière aussi nouvelle s'était d'ailleurs borné à interdire aux graveurs d'user de la signature d'A. Dürer et à lui promettre son entière protection pour l'avenir. Le plagiat à cette époque règne en maître absolu ; le même Albert Dürer se voit pillé par le peintre Andréa del Sarto, Raphaël qui sait ce que vaut la propriété artistique, qui a un graveur à ses gages, ne se fait pas faute de prendre toute une composition au Pérugin ; Albert Dürer à son tour copie en tout ou en partie les maîtres italiens.

Il est évident qu'une telle anarchie ne devait pas s'arrêter là : en France, le plagiat s'exerçait comme à l'étranger et la communauté dut à plusieurs reprises réclamer l'appui du souverain et des juges ; les statuts se montrent plus sévères pour la copie et le surmoulage qui ne peuvent être faits sans le consentement de l'auteur ; les contrefacteurs sont punis d'une amende de mille livres et de la confiscation (1). La faveur des Rois est désormais acquise à la Communauté ; elle voit son privilège s'accroître, le pouvoir des jurés s'augmenter en matière de saisie (2).

Elle ne se contente pas d'ailleurs de réprimer la contrefaçon dans son sein, elle attaque la concurrence,

---

(1) Statuts ordonnances et règlements de la communauté des Maîtres de l'Art de Peinture et Sculpture, gravure et enluminure de cette ville et faubourgs de Paris, tant anciens que nouveaux, A. 69 et 70.

(2) Depuis longtemps les souverains de tous les pays cherchaient à attirer près d'eux les artistes renommés, rivalisant entre eux pour les constructions des palais, les sculptures, les peintures qui les décorent, le moyen âge lui-même comptait plus d'un Mécène, Charles V appelle à sa Cour les artistes flamands, leur donne des emplois à sa Cour. A l'étranger, particulièrement en Italie, les grandes familles se disputent les artistes les plus célèbres, tels les Malatesta de Remini, les Visconti de Milan, les Scala de Vérone, les simples par-

interdit l'exercice des arts à ceux qui n'en font pas partie. Mais ici encore la lutte fut vive ; beaucoup d'artistes se souciant fort peu de suivre la filière ordinaire pour arriver à la maîtrise, préféraient étudier les maîtres italiens, et une fois instruits, revenir en France où ils avaient souvent la chance d'attirer l'attention et la faveur du Roi.

Ainsi d'une part, nous voyons la contrefaçon de plus en plus réprimée, le souci de la protection légale grandissant chez les artistes, et, d'autre part, par un mouvement contraire, la concurrence s'établir, l'évolution se dessiner en faveur du libre exercice de l'art. La première idée est due à la communauté, à la maîtrise, la seconde à ses adversaires, les brevetaires (1), comme on les appelait, ceux qui vont fonder l'Académie royale de peinture et de sculpture, et lutter pendant deux siècles contre la maîtrise et ses privilèges.

---

ticuliers eux-mêmes veulent s'ils appartiennent à une communauté ou corporation, posséder les plus beaux monuments. Tous les rois qui se succèdent en France, sentent le besoin d'affirmer de plus en plus la protection qu'ils entendent accorder aux arts et à la communauté en particulier. Qui ne connaît l'anecdote de Charles-Quint, ramassant le pinceau du Titien, l'histoire de Léonard de Vinci, qui après avoir vécu dans l'intimité de Ludovic Sforza, est appelé à la cour de François Ier, ainsi que Andrea del Sarto, Benvenuto Cellini et un artiste français Clouet ? Les Michel-Ange, les Raphaël, sont considérés par les souverains comme leurs égaux, ils reçoivent d'eux argent et honneur, paraissent ignorer que beaucoup de leurs frères luttent en désespérés pour la défense de leurs droits, succombant quelquefois dans la lutte, et mourant dans un asile de vieillards, après avoir enrichi leurs marchands de tableaux, leurs copistes et reproducteurs, tels Frans Hals et Jacob Ruisdael.

(1) Les brevetaires étaient les artistes qui n'avaient pas suivi le système d'études de la maîtrise ; restés indépendants, ils jouissaient

§ 4. — XVIIe ET XVIIIe SIÈCLES

La lutte des brevetaires contre la Communauté, fut engagée par Lebrun sous Louis XIV ; le talent de ces artistes, peintres et sculpteurs, fut assez apprécié pour qu'ils réussissent à former une corporation : L'Académie royale de peinture et de sculpture. Ils obtinrent du Roi un brevet du 28 décembre 1654 qui leur accordait le monopole de l'enseignement de la peinture et de la sculpture : dès lors ils prenaient l'avantage dans la lutte qu'ils soutenaient contre la maîtrise.

Celle-ci fonda en réponse l'Académie de Saint-Luc dont Mignard fut un des membres les plus militants. Mais la faveur royale, la considération du peuple, comme celle des hommes de lettres, était acquise à l'Académie de peinture.

Pendant un siècle la lutte fut acharnée, il y eut des périodes de rivalité suivies d'unions passagères entre les deux écoles. Les membres de l'Académie de Saint-Luc ne se faisaient pas faute de copier les œuvres de ceux de l'Académie royale, et de signer ces œuvres contrefaites, ou, au contraire, de reproduire les ouvrages des membres de l'Académie royale sous le nom de ceux-ci, en y faisant des changements parfois considérables. Ce sont ces abus qui déterminèrent l'arrêt du conseil du 21 juin 1676, rendu en faveur des sculpteurs de l'Académie royale.

---

souvent de la faveur ou au moins de la protection des Souverains, ceux-ci les admettaient à la Cour comme peintres de leurs Majestés, ou plus souvent encore leur décernaient un brevet qui leur permettait en toute sécurité l'exercice de leur art.

Le premier acte spontané de l'autorité souveraine venait d'être accompli. La propriété artistique était protégée et, chose remarquable à cette époque, c'était aux artistes eux-mêmes que s'adressait cette protection. Plus heureux que les hommes de lettres, les artistes, et en particulier les sculpteurs, avaient vu leur droit affirmé en dehors de toute corporation, tandis que la propriété littéraire s'était pour la première fois établie dans le domaine légal sous forme d'un privilège accordé aux imprimeurs à l'occasion d'une rivalité entre libraires de Paris et libraires de province (1). Il est permis de penser que l'union constante des artistes, dont la première cause avait été la Maîtrise, n'était pas étrangère à ce résultat, si le métier faisait place à l'art, les artistes n'en continuaient pas moins de former dans la Société un groupe, une unité, et en quelque sorte une association de protection mutuelle comme de simples ouvriers.

L'arrêt de 1676 laissait de côté toutes les autres branches de l'art : la sculpture seule était protégée, il est vrai que les peintres, faisant partie de l'Académie royale de même que les architectes, trouvaient dans cette situation une sécurité suffisante ; restaient les graveurs, ceux-ci ne constituaient aucune assemblée,

---

(1) Le mémoire de L. d'Héricourt avait proclamé le droit de propriété littéraire à propos d'un débat entre libraires de Paris et libraires de province, en l'invoquant en faveur de ceux-ci. Déjà Louis XII avait établi un privilège pour la publication des œuvres de Saint-Bruno. 1507 et 1508. La propriété littéraire naît donc bien plutôt sous l'aspect d'une faveur accordée à la publication, à l'imprimerie même, que sous la forme d'un droit reconnu aux écrivains, d'une dette payée au génie. Les artistes étaient donc à cette époque meilleurs gardiens de leurs droits que les écrivains. C'est le contraire aujourd'hui.

n'étant pas de l'Académie, aucune corporation, n'étant pas de la maîtrise : il y avait bien la corporation des maîtres tailleurs graveurs ; mais ils ne faisaient que la gravure sur pierres précieuses et sur bijoux, et non la gravure destinée à la reproduction. Les graveurs avaient vu, il est vrai, leur droit reconnu, la liberté de leur art proclamée par un arrêt du Conseil d'État du 26 mai 1660 qui avait déclaré la maîtrise incompatible avec l'art de la gravure (1). Mais les graveurs avaient affaire aux imprimeurs qui, eux, étaient en corporation, et se sentaient gênés de la liberté accordée aux graveurs. La lutte fut très vive, il y eut procès sur procès, et les imprimeurs réussirent à se faire employer par les graveurs qui pouvaient bien, d'après l'arrêt, avoir des presses chez eux, mais étaient obligés de se soumettre à la surveillance des syndics de la corporation des imprimeurs. Il fallut de nombreux arrêts pour assurer aux graveurs la jouissance du peu de liberté qui leur restait (1735, 1742). Et encore, semblait-on leur accorder des privilèges, et non pas assurer leur droit, tellement l'idée de liberté semblait incompatible avec le régime des métiers, tellement la royauté se sentait incapable de lutter contre les abus d'une corporation qu'elle avait reconnue. On ne connaît pas au juste l'étendue de ces privilèges qui étaient tous individuels, peut-être étaient-ils perpétuels ;

---

(1) A partir de cette époque tous les arrêts contiennent sur l'art des phrases sublimes, mais malheureusement vides de sens pratique ; on le proclame au-dessus de tous les métiers ; travail noble entre tous, il élève l'esprit humain : et, d'autre part, on le laisse trop souvent succomber aux luttes fréquentes et terribles que lui livrent le commerce, les libraires et les imprimeurs, ayant pour eux outre la richesse, la force de l'institution : la communauté.

il semble en tous cas qu'ils devaient durer aussi longtemps que la planche elle-même. En tous cas, les artistes
ne se sentaient, et n'étaient réellement en sûreté qu'une
fois armés d'un privilège : ils le mentionnaient à la suite
de leur signature, certains artistes en ont plusieurs
émanant de différents souverains. Sans rien exagérer
d'ailleurs, on peut dire qu'en matière de gravure et en
général de reproduction (j'insiste sur ce point capital
qui intéresse toutes les branches de l'art) la contrefaçon
était très pratiquée, les privilèges étant presque ineffi-
caces et la sanction mal établie.

Le souci principal de la royauté au xviie siècle et au
xviiie siècle paraît être bien plutôt de proclamer la
liberté des arts, de la peinture et de la sculpture que
de protéger d'une façon efficace les œuvres des artistes
contre les contrefacteurs et les plagiaires. Sans parler
d'une foule d'édits royaux (1) et de privilèges dont le
nombre atteste l'inanité, sans méconnaître la valeur de
cette idée de liberté de l'art proclamée sous un régime
de pouvoir absolu, il est permis de penser que l'autorité souveraine a été poussée inévitablement par les
institutions, par les idées surtout, à reconnaître le droit
de l'artiste sur les productions de son génie, et l'on
peut surtout regretter qu'avec de tels principes. un
monarque n'ait pas songé à réprimer énergiquement
la contrefaçon par un arrêté général proclamant la

---

(1) Les deux principaux sont ceux de 1702, réglant les rapports des
sculpteurs et des mouleurs, et de 1730, relatifs aux peintres et sculpteurs de l'Académie de Saint-Luc. V. Romberg. *Etude sur la propriété artistique et littéraire*, p. 246 et 247.

propriété artistique en faveur de l'auteur, quelle que soit la branche à laquelle il appartient, sans souci des luttes des corporations, de leurs intérêts ou leur importance dans la Société.

Quand je parle des principes hautement proclamés par la royauté, de la liberté affirmée, c'est la déclaration de Versailles du 15 mars 1777 qui se présente immédiatement à l'esprit, la déclaration d'émancipation de l'art, comme on peut l'appeler dans un moment d'enthousiasme par ses belles formules, celle qui dans son article 8 déclare les arts libres comme les lettres, parce que « les arts de peinture et de sculpture ne doivent pas être confondus avec les arts mécaniques », celle qui proclame la propriété artistique mais sans couleur d'un privilège accordé aux membres de l'Académie royale. On sait ce que vaut une faveur, un privilège, fut-elle inscrite dans un texte de loi ; on connaît les catégories innombrables d'artistes qu'elle laisse en dehors de ses dispositions sans parler des architectes, des graveurs et des décorateurs (1). La preuve que toutes ces affirmations légales n'ont pas une grande valeur, c'est que le mouvement des esprits n'en continue pas moins : les revendications se font plus pressantes, parce que les violations de droit se font plus nombreuses. Il n'est pas permis de passer sous silence les revendications énergiques des graveurs dans une adresse à l'Assemblée nationale en 1791,

---

(1) Outre les privilèges particuliers, il y avait depuis l'arrêt du 28 juin 1714, un privilège général, accordé à l'Académie et à ses membres, mais pour que l'auteur en jouît, il lui fallait faire recevoir son œuvre par une commission nommée à cet effet, et les artistes qui n'étaient pas de l'Académie ne pouvaient jamais en profiter.

demandant que leur droit fut reconnu comme propriété artistique, sinon perpétuelle, du moins aussi durable que la planche ; les privilèges étaient nombreux, c'est vrai, individuels, donnés au hasard, vendus très chers, c'est encore plus vrai, souvent injustes, accordé à l'éditeur d'estampes au lieu et place du peintre ou du graveur (1) et quelquefois exhorbitants comme celui qui fut accordé à l'architecte Mansard sur toutes les estampes, les gravures, les affiches et les almanachs qui ne pouvaient paraître qu'avec son autorisation et sous sa signature (2).

§ 3. — Depuis la Révolution

J'ai montré au commencement de ce chapitre, à quelle hauteur de principes étaient arrivés les hommes de la Révolution en matière de propriété artistique. L'initiative populaire va aboutir à un résultat définitif, faire ce que n'eut pu faire les corporations, les académies, les privilèges de la royauté. Ce résultat, c'est l'organisation de la propriété artistique par le décret des 19 et 24 juillet 1893, qui est la loi de principe encore en vigueur aujourd'hui.

Le sort de la propriété artistique a été lié, au point de vue de la durée, à celui de la propriété littéraire par tous les législateurs : celui de 1810, de 1854 et de 1866.

---

(1) Par exemple pour Callot. Ses œuvres sont publiées avec la mention : *Israël excudit cum privilegio Regis.*

(2) Ce privilège fut l'occasion de protestations nombreuses, exprimées dans un pamphlet intitulé : « la Mansarde », le garde des sceaux déchira les lettres de privilège. *Gazette des Beaux-Arts*, 1859 t. III, p. 354.

La durée de la propriété artistique est donc, chez nous, la même que celle de la propriété littéraire, c'est-à-dire de la vie de l'auteur et 50 ans après sa mort.

Le travail de législation du xixᵉ siècle s'est arrêté là en matière de propriété artistique, il n'y a pas eu de loi spéciale à cette propriété sauf celle du 9 février 1895 sur les fausses signatures, qui n'est d'ailleurs qu'une épave d'un projet de loi frappé du sort réservé à beaucoup d'autres. Or actuellement, le mouvement des idées, le développement de l'art ne permettent plus de se contenter d'une loi aussi générale que celle de 1793, dont les idées sont sans doute assez larges pour s'appliquer à une civilisation plus vieille qu'elle de cent ans, mais dont l'interprétation souvent étroite faite par la jurisprudence, a totalement changé le caractère, dans un sens d'ailleurs très défavorable aux artistes.

Les congrès qui se sont réunis depuis 1878, notamment celui de 1889, les congrès internationaux de Barcelone et de Dresde ont émis des vœux depuis longtemps sur la propriété artistique ; leur ensemble forme sur toutes les questions un projet de législation très satisfaisant. Les propositions de loi n'ont pas non plus manqué à la prospérité artistique ; la première qui ait été présentée, la proposition Bardoux, était le résultat des travaux du congrès du Trocadéro, en 1878.

Cette proposition commençait par définir la propriété artistique et dire que nul ne peut reproduire sans le consentement de l'artiste une œuvre de celui-ci, quel qu'en soit d'ailleurs le mérite et le mode de reproduction. (Art. 1 et 2.) Après une disposition sur la durée du droit (art. 3) à laquelle rien n'était changé, la question de l'aliénation de l'œuvre d'art se trouvait résolue dans un sens favorable à l'artiste, sans exception d'ailleurs pour l'Etat. En matière de portraits, bustes et statues le projet admettait néanmoins une exception et décidait qu'en ce cas la propriété artistique se trouvait cédée en même temps que la propriété matérielle. (Art. 4.)

C'est cet article qui fut, à la suite de la séance du 1ᵉʳ juillet 1884, renvoyé à la commission, ce qui était évidemment l'enterrement de la proposition.

L'application de la loi à l'architecture, à la photographie, à l'œuvre d'art reproduite par l'industrie, est faite par les articles 5 et 12. L'usurpation des noms est punie par l'article 11 qui est devenu la loi du 9 février 1895.

On trouve dans cette proposition de loi une distinction dont on verra plus loin l'importance théorique et pratique, distinction fort juste d'ailleurs : La répétition exercée à l'égard d'un acheteur est une lésion de ses intérêts matériels, rien de plus ; faite au mépris des droits du cessionnaire de la propriété artistique, elle constitue une contrefaçon, et, d'après la proposition, la contrefaçon doit être poursuivie par quelque procédé qu'elle se manifeste (1).

Une seconde proposition de loi sur la propriété littéraire et artistique fut déposée à la Chambre cette fois, par M. Philippon, député de l'Ain, le 29 mai 1886, elle n'eut pas un sort plus heureux que celle de M. Bardoux au Sénat.

---

(1) Sénat. session 1883. Docum. parlem. nᵒ 142 (*Journal Officiel*, Annexes.)

Le même député est l'auteur de la proposition soumise actuellement aux Chambres, qui a été déposée le 21 novembre 1889 et l'objet d'une prise en considération le 10 février 1890. Il s'agit non plus ici d'une proposition de loi sur la propriété artistique, mais bien sur la propriété intellectuelle en général.

§ Appendice

Titre II. — Section III du projet Philippon sur la propriété intellectuelle. — Des œuvres des arts du dessin.

Art. 21. — Le droit exclusif de l'auteur d'une œuvre appartenant aux arts du dessin, comprend tous les modes de reproduction, il est indépendant du mérite ou de la destination de l'œuvre.

Art. 22. — Au cas de cession d'une œuvre d'art, le droit de reproduction demeure réservé à l'auteur, sans que, sous aucun prétexte, le propriétaire de l'œuvre originale puisse être troublé dans sa possession par suite de l'exercice de ce droit.

Toutefois le droit de reproduction se trouvera cédé avec l'objet matériel lorsqu'il s'agira du portrait, du buste ou de la statue de l'acquéreur ou d'un membre de sa famille.

Art. 23. — A moins de stipulation contraire, la cession du droit de reproduction est spéciale à l'article ou à l'industrie en vue de laquelle elle a été consentie.

Art. 24. — Les œuvres d'architecture rentrent sous l'application de la présente loi.

Art. 25. — Il en est de même : 1° des cartes, dessins et figures de géographie et d'histoire naturelle, et en général de tous les dessins techniques ; 2° des dispositions ou combinaisons de traits, de couleur, de contours ou de formes destinées à l'ornementation d'un produit industriel et habituellement désignées sous le nom de dessins ou modèles de fabrique, pourvu toutefois qu'elles présentent une configuration distincte et reconnaissable; 3° des reproductions par moyen mécanique d'œuvres de la sculpture ; 4° des œuvres obtenues à l'aide de la photographie, de l'héliogravure, ou de tout autre procédé mécanique.

(Le titre III est relatif au dépôt auquel sont soumises les œuvres des arts du dessin multipliées par des procédés mécaniques. Le titre IV contient les règles de la contrefaçon qui sont générales et s'appliquent à la propriété artistique comme à la propriété littéraire.) [1]

---

(1) *Journal Officiel*, Chambre. Annexes, Sess. extraord. 1889, p. 194.

CHAPITRE II

Domaine de la propriété artistique dans les arts du dessin.

§ 1. — Généralités

L'article premier de la loi de 1793 est ainsi conçu :

« Les auteurs d'écrits en tout genre, les compositeurs
« de musique, les *peintres et dessinateurs, qui feront
« graver des tableaux ou dessins* jouiront durant leur
« vie entière du droit de vendre, faire vendre, distribuer
« leurs ouvrages dans le territoire de la République et
« d'en céder la propriété en tout ou en partie. »

Cet article est complété par l'article 7 qui s'exprime
ainsi :

« Les héritiers de l'auteur *d'un ouvrage de littérature
« ou de gravure ou de toute autre production de l'esprit
« ou du génie qui appartiennent aux beaux-arts,* en au-
« ront la propriété exclusive pendant dix années. »

Le législateur de 1793 a manifesté par là l'intention
bien arrêtée d'étendre la propriété artistique à toute
production rentrant dans le domaine des beaux-arts ;
il n'a pas essayé de faire une énumération plus ou moins
complète des œuvres protégées, il a généralisé son idée
en parlant des beaux-arts d'une façon absolue. Cette

intention ne fait plus aucun doute pour celui qui sait
que l'article 7 ne figurait pas dans le projet primitif de
la loi (1), que d'ailleurs cette manière de voir est con-
firmée par l'article 3 de la même loi qui prononce la
confiscation au profit des « autres compositeurs, *peintres
ou dessinateurs et autres.* » Cette généralité des termes
de la loi de 1793, est une preuve de sagesse de la part
du législateur, qui s'est rendu compte de l'élasticité du
domaine de l'art et a ainsi fait de la loi qu'il votait une
disposition toujours applicable, toujours en rapport
avec les mœurs et l'idée de plus en plus large que l'on
se fait des œuvres artistiques. Elle est encore une preuve
de la répugnance que ce même législateur a éprouvée
pour les distinctions d'esthétique, de mérite des œuvres
protégées. Il n'a pas voulu faire de différence entre les
procédés, les productions plus ou moins parfaites, il
n'a pas voulu établir de hiérarchie, ériger les tribunaux
en académie, ni les juges en critiques d'art. Ce point
ne fait aucun doute aujourd'hui, ni en doctrine ni en
jurisprudence (2).

L'ouvrage d'un Puvis de Chavannes, d'un Bouguereau

---

(1) L'article 7 fut introduit sur la proposition de deux membres de
la Convention.

(2) L'avocat impérial Thomas disait devant le Tribunal de la Seine :
« La loi de 1793 n'est point une loi d'esthétique accordant sa pro-
« tection en considération de la perfection d'un produit ; mais proté-
« geant toujours, ce que dans la plus belle acception du mot on
peut appeler « des œuvres d'art... ». « La loi pénale de 1793 a pris
un certain nombre d'arts, elle a protégé également, je dirai presque
aveuglément tous leurs produits, le juge n'a pas à se préoccuper de
la perfection du produit ; l'objet contrefait est une peinture, cela
suffit et sans cela la loi de 1793 serait aussi inapplicable que dan-
gereuse. » Pal., 1863. p. 396.

ne puise pas dans la loi une protection plus efficace que celui de l'imagier d'Epinal, du fabricant de statuettes religieuses, du dessinateur de gravures de modes. La protection légale s'étend au domaine de l'art tout entier, pris dans son acception la plus large, indépendamment de toute idée de mérite, de talent, de génie, de célébrité; elle s'applique à tous les produits que l'usage, le goût ordinaire du public, la notion la plus rudimentaire d'esthétique même peuvent qualifier d'objets d'art.

Les termes de la loi laissent donc ainsi une large appréciation au juge. C'est à lui qu'il appartiendra de dire que tel objet a le caractère d'œuvre d'art, tel autre non. La loi pose un principe, c'est au juge du fait à l'appliquer. (Cass., 16 mai 1862, Pat. 1862, p. 417) [1].

La loi, tout en établissant de la façon la plus générale la propriété artistique, en lui donnant comme champ d'exercice le domaine de l'art, ne l'en rattache pas moins à un fait, celui de la création, nécessaire et suffisant pour la justifier, puisque la création, la production, est, en droit naturel, la raison d'être de la propriété. Or, comme on l'a dit souvent, à ce point de vue, la propriété intellectuelle est la plus sacrée, la plus légitime, la plus inattaquable de toutes et, sans plus insister, je ne crois pas pouvoir être taxé d'exagération en disant qu'il faut la placer au-dessus de la propriété industrielle où le fait de la création est considéré comme inévitable, au-dessus de la propriété matérielle, où l'on a tant de mal de découvrir une idée de production, de travail,

_____

(2) V. aussi Rej., 27 déc. 1884 ; Pataille, *Annales de la propriété industrielle littéraire et artistique*, 85, p. 319.

donc au-dessus des attaques des socialistes et des col-
lectivistes. Sans doute, on peut dire avec les philosophes
que l'homme est incapable de rien créer, que sa production n'a rien que de très relatif, on peut parler d'un
fonds d'idée commun au genre humain, d'emprunt fait
par l'artiste qui n'est, dans le cas, qu'un terrain fertile
où pas une graine n'est perdue ; on peut répéter à satiété
les paroles de Pascal, le « tout est dit » de La Bruyère,
les vers de Musset :

> Il faut être ignorant comme un maître d'école
> Pour se flatter de dire une seule parole
> Que personne ici-bas n'ait dite avant nous.
> C'est imiter quelqu'un que de planter des choux.

Il n'en est pas moins vrai que dans toute production
artistique, à côté de l'emprunt fait au domaine public,
il y a l'empreinte personnelle de l'artiste, ce qui fait de
son œuvre une chose unique, qui est nécessairement et
restera toujours l'œuvre d'un seul homme. Tous les
auteurs qui se sont occupés de propriété intellectuelle
se sont élevés avec force contre cette objection du fonds
commun, la considérant plutôt, de la part des écrivains
qui la faisaient valoir, comme une boutade que comme
une négation de leur propre génie.

D'ailleurs ce n'est pas l'idée en elle-même, mais bien
la façon dont elle est présentée, et, pour parler d'une
façon précise, la composition artistique et l'exécution,
qui sont protégées par la loi. L'idée est à tous, l'exécution n'est qu'à un seul, a-t-on dit. C'est le commentaire
le plus bref, en même temps le plus juste du texte de
1793 — et l'on peut ajouter avec Balzac en manière de
conclusion :

« L'imagination est comme le soleil qui compose le
« paysage de Rio de Janeiro et celui de Naples, celui
« de Constantinople et celui du lac de Genève avec les
« mêmes principes constituants, le vert de la végétation,
« l'air, les eaux de la terre. »

Pour étudier le domaine de la propriété artistique il
faut donc poser en principe qu'il s'étend à toute production de l'homme servant à l'expression d'un sentiment
artistique et se rattachant de près ou de loin aux beaux
arts. Ce sont donc d'abord les arts du Dessin proprement
dits : Peinture, Gravure, Sculpture, Architecture,
Dessin.

L'application de la propriété artistique à la peinture,
la gravure et le dessin en général, ne souffre pas de
grandes difficultés, n'ayant jamais été contestée. Il est
utile de rappeler ici que le mérite de l'œuvre, son
importance n'influent en rien sur l'application de la loi.
Ce point est incontesté en doctrine et en jurisprudence
(Seine, 7 juin 1842. Blanc, p. 249 ; *Images d'Epinal.*
Paris, 28 mars 1883. Pat., 1884, p. 84 ; *Dessin de
tonneau d'arrosage.* Paris, 10 août et 17 novembre
1885. Pat., 1886, p. 37 ; *Jeux de patience*).

§ II. — Sculpture

L'art de la statuaire est certainement protégé par la
loi de 1793. Cette assertion peut sembler inutile ; mais
il s'est trouvé des auteurs pour nier le droit des sculpteurs, sous prétexte que la loi ne parlait pas d'eux. J'ai
déjà dit que la loi de 1793 étant générale, ne s'était

pas livrée à une énumération des arts protégés. L'expression : dessin, dessinateurs comprend la sculpture et les sculpteurs, les mots « et autres » de l'article 3, « toute « traduction de l'esprit ou du génie appartenant aux « beaux-arts » de l'article 7 comprennent certainement la sculpture dans leur généralité. D'ailleurs, en dehors de la loi de 1793, voici l'article 427 du Code pénal qui prononce la confiscation des moules, et l'article 425 du même code qui parle de dessin ou toute autre production. Il est inutile d'insister davantage sur cette question qui ne fait plus aucun doute aujourd'hui ; la valeur artistique de la statue n'a pas plus d'importance en droit que celle du tableau ou de la gravure. (Jurisprudence conforme) [1].

§ 3. — ARCHITECTURE

Si l'application de la propriété artistique à la sculpture ne fait plus de doute aujourd'hui, il est loin d'en être de même pour l'architecture. Cette situation a lieu d'étonner quand on réfléchit que l'architecture est à la base même des arts du dessin, que les questions de proportions, d'ensemble, de symétrie, y prennent une importance spéciale, qu'en un mot, comme le dit Pouillet « l'architecture ne vit que de lignes » (2). On sait d'ailleurs que chez les Anciens l'architecture était

____

(1) V. Paris, 29 nov. 1873. Pat., 74. 53. — Angers, 26 janv. 1880. Pat., 80. 204. — Paris, 13 fév. 1884. Pat., 85 p. 7. — Paris, 25 janv. 1887. Pat., 1888, p. 187.

(2) Pouillet. *Traité théorique et pratique de la propriété artistique*, Ed. 1894, p. 110.

considérée comme l'art principal, les autres n'étant que l'accessoire ; il semble que les Modernes n'en aient pas jugé toujours ainsi, peut-être ont-ils été en cela trompés par la destination matérielle, le peu d'originalité des constructions contemporaines, souvenirs plus ou moins fidèles d'un style ancien.

La question de la protection légale accordée à l'architecture peut se poser de deux façons :

1° L'architecte peut-il poursuivre en contrefaçon celui qui reproduit ses plans, élévations, etc., par le dessin, la photographie, la gravure, la peinture ?

2° Peut-il poursuivre également celui qui reproduit son œuvre (c'est-à-dire le *Bâtiment*) par un art quelconque, et surtout par l'architecture, qui construit un autre édifice copié en tout ou en partie sur le sien ?

Le premier point n'est guère discuté en théorie ; en effet, les plans, coupes, élévations des architectes sont des dessins dans le sens de la loi de 1793 (1) et doivent être protégés comme tels. L'œuvre de l'architecte peut être susceptible d'originalité, d'art, de conception personnelle ; il faut donc la protéger ; peu importe que certaines de ces œuvres ne soient que des copies d'un style connu, tombé dans le domaine public ; s'il y a dans ces constructions une part quelconque d'originalité, la loi en garantira la protection à l'auteur (2). Pour moi,

---

(1) Pouillet. *Loc. cital* Vaunois, Thèse, Paris, 1884, p. 227 et 228.

(2) Vaunois, dit très justement en ce sens : « L'ogive est dans le domaine public : les arceaux, les arc-boutants étaient les mots de la langue qu'exprimaient les pierres, et que parlaient les architectes du moyen âge, ils appartiennent à tous, comme les lettres de l'alphabet aux écrivains, ce qui n'a pas empêché les maîtres-maçons d'autrefois de faire de chaque cathédrale gothique un chef-d'œuvre parfaitement original » (Vaunois, p. 229).

la règle doit être la même que pour tous les autres arts.

Le second point (reproduction d'un monument par un art quelconque et spécialement l'architecture) a soulevé de nombreuses controverses dans la doctrine. Deux systèmes opposés sont en présence :

Le premier qui consiste à nier le droit des architectes, a pour adepte principal Blanc, qui, dans son traité de la *Contrefaçon* leur refuse la propriété artistique d'une façon absolue, en disant qu'ils ne se trouvent pas compris dans les termes de la loi de 1793, que d'ailleurs le Code pénal n'en parle pas davantage. Le système contraire, ajoute-t-il, outre qu'il est illégal, conduit à cette conséquence funeste qui est de créer, aux dépens du libre exercice de l'art et de la propagation des idées, un monopole contraire à la loi, aux principes de l'économie politique, au progrès. D'ailleurs, et ce reproche est assez grave si l'on admet la propriété artistique, on se trouve forcément amené à appliquer les peines de la contrefaçon à celui qui a reproduit, sans droit, l'édifice construit par l'architecte, à prononcer contre lui la confiscation. Va-t-on démolir cet édifice ou bien en attribuer la possession à l'architecte ? Ce serait le comble de l'absurde. La matière doit donc rester étrangère à toute idée de monopole et de propriété artistique. D'ailleurs les architectes eux-mêmes l'ont compris et n'ont jamais revendiqué aucun droit de cette nature ; c'est là, suivant Blanc, le critérium qui doit décider en faveur de son opinion.

Le second système, (1) auquel je me range sans hésitation, repousse sans peine l'argument tiré de la loi de 1793 : on sait, quel est en effet, l'esprit très large de cette loi, et on vient de voir de quelle façon elle doit être interprétée. Il y a dans ce que j'ai dit de la sculpture une raison *à fortiori* de décider pour l'architecture, l'application de la loi de 1793. L'argument du monopole n'est nullement à prendre en considération ; il peut s'appliquer à toute propriété privative et l'architecture n'est pas le seul art qui doive s'y heurter ; (2) d'ailleurs, fût-il juste, il ne peut avoir place dans l'interprétation de la loi, parce qu'il en contredit le principe. Celui qui est tiré de la confiscation n'est pas plus sérieux. Sans doute on ne peut songer toujours à la prononcer, mais comme on le verra plus loin, la confiscation n'est pas de l'essence de la contrefaçon, elle n'en est nullement la peine, elle en est la conséquence accessoire. Puisqu'elle est impossible on se contentera de ne pas la prononcer, sans pour cela laisser l'architecte complètement désarmé en face des contrefacteurs. Enfin rien n'est plus faux que dire que les architectes n'ont jamais revendiqué la propriété artistique ; ils l'ont

---

(1) En ce sens, Pouillet, p. 109. Rendu et Delorme. *Traité pratique du droit industriel*, n° 928. Calmel. *De la propriété et de la contrefaçon des œuvres de l'intelligence*, p. 90. Accolas. *La propriété littéraire*, p. 36. Vaunois. Thèse, p. 229. Romberg. *Etudes sur la propriété artistique et littéraire*, p. 266.

(2) Les brevets d'invention créent eux aussi un monopole ; certaines gens s'en plaignent il est vrai, voyant là une entrave au progrès de l'industrie. Le monopole n'en est pas moins dans la loi et en fait, loin d'arrêter le progrès, il a plutôt contribué à le développer.

fait en justice (1) [Trib. civ. Seine. 20 avril 1855, Sir. 55, 2, 431] (Paris, 7 août 1889, p.   ) et devant les commissions législatives en 1879.

Il faut donc conclure de cette discussion que la propriété artistique s'attache à l'œuvre architecturale comme à toute autre. La jurisprudence, d'accord en cela avec la majorité des auteurs n'a pas hésité à le reconnaître dans les différentes décisions citées ici. On verra plus loin que la propriété artistique consiste, au point de vue spécial de la reproduction par un tiers, dans le droit de l'empêcher, si elle est faite sans le consentement de l'auteur, même par un moyen appartenant à un art différent ou un procédé quelconque se rattachant aux beaux arts. L'architecte pourra donc interdire la reproduction de ses plans et de son édifice lui-même, par le dessin, la peinture, la gravure, la photographie ; il peut en interdire les réductions sous forme d'objets d'art, de jouets, ou toute autre reproduction. En ce qui concerne le dessin, la peinture, etc... (ce que l'on appelle les arts délinéatoires, plus la photographie qui s'y rattache), une question se pose qu'il me semble impossible d'éluder : Dans quel cas cette reproduction pourra-t-elle être considérée comme ne portant aucune atteinte au droit de l'architecte ? Si l'architecte a le monopole de la reproduction de son ouvrage, ce n'est qu'autant que cette reproduction a pour but de pré-

(1) V. aussi un arrêt de la Cour de Liège, du 18 juillet 1884. Pat., 84, p. 314. et un jugement du Tribunal civil de Nice du 31 janvier 1888. Pal.. 88, p. 110.

V. R. Pensa. Conférence à la séance de l'union syndicale des architectes français au Bulletin de cette union (Décembre 1894).

senter son œuvre comme objet principal ou unique et
d'en faire ressortir le caractère architectural. La protection de la loi ne va certainement pas jusqu'à empêcher un artiste qui traite un paysage où se trouve le
monument, de reproduire celui-ci. Il faut même aller
plus loin, et dire qu'un artiste qui se propose de reproduire un paysage, où se trouve un monument, ne viole
pas le droit de l'architecte, même si la mise en valeur
de son œuvre est faite de sorte que l'édifice tienne la
première place dans sa composition ; il n'en est autrement que s'il ressort de l'examen de son ouvrage qu'il
a voulu reproduire principalement le caractère du bâtiment, ses détails d'architecture, le cachet du style dans
lequel il est conçu, et que les autres parties de sa composition ne sont là que pour tromper sur son intention
véritable.

Je prends un exemple : Un artiste s'est proposé pour
but la confection d'un panorama représentant l'Exposition de 1889 ; il est évident que dans ce panorama,
comme dans toute œuvre artistique, il est obligé de
donner la première place à un objet quelconque, si
son choix tombe sur la tour Eiffel, dira-t-on qu'il a violé
le droit de reproduction de l'ingénieur ? S'il tombe sur
le Dôme central, le Palais des arts libéraux, le Palais
des Beaux-Arts, le Trocadéro, qu'il viole le droit de
leurs architectes respectifs ? Dans ce cas, force lui
serait d'abandonner sa tâche, de jeter là ses pinceaux,
pour aller dans un autre Palais répondre des actes commis sur les premiers.

Il me semble donc juste de dire, pour rester dans
une sage réserve, que pour violer la propriété artistique,

il faut ici, se livrer à une reproduction qui ait pour
sujet unique ou principal le monument fait par l'architecte et qui ait pour but d'en détailler le style, le caractère, chose parfaitement distincte de la mise en valeur
artistique et du choix d'un édifice comme sujet principal, sans autre but que d'obéir aux règles de l'art.

Le droit de propriété artistique qui s'attache aux
œuvres de l'architecture s'étend aussi aux reconstitutions de monuments anciens faites par les architectes en
s'aidant des ruines, des données historiques, des faits,
des principes de l'architecture même. C'est là un dessin
dans le sens de la loi de 1793, et cette opinion me semble
à peu près hors de doute. Il faut néanmoins que cette
reconstitution soit inspirée d'une idée artistique, le
simple fait de reproduire plus exactement qu'on ne
l'avait fait jusque-là un monument ou un objet d'art
ancien (car ceci s'applique à toutes les reconstitutions) ne
constituerait pas une propriété artistique spéciale ; l'artiste aurait sans doute le droit d'empêcher que l'on ne
copie sa reproduction, mais non qu'on interprète l'original dans le sens où il l'a fait lui-même. Jurisprudence
conforme (Trib. civ. Seine, 21 avril, 1869. Pat. 70. 40.)

§ IV. — Photographie

Pas plus que de la sculpture et de l'architecture, il
n'est parlé de la photographie dans la loi de 1793 ; la
loi de 1793 est cependant la seule susceptible d'être
invoquée par les photographes ; la loi du 18 mars 1806

ne peut en effet leur être appliquée, car il est impossible de considérer la photographie comme un dessin industriel ou un modèle de fabrique, la loi de 1844 est également inapplicable en la matière puisqu'elle ne protège que les inventions brevetées. Ce n'est donc qu'en donnant au photographe la qualité d'artiste que l'on peut lui accorder la protection de la loi. La question est loin d'être tranchée en doctrine ; quant à la jurisprudence, elle a adopté un système mixte qui manifeste une incertitude absolue, et laisse le droit des photographes dans l'irrésolution presque complète.

« L'œuvre photographique est une propriété, dit
« M. Taine, elle appartient au producteur au même
« titre que la planche gravée appartient au graveur,
« et dans les deux cas la propriété doit être protégée. »

En parlant ainsi, l'éminent philosophe prenait évidemment parti dans la discussion qu'on va voir ; il résolvait la question d'application de la loi de 1793, en déclarant, qu'au point de vue légal, la photographie est un art, et non une industrie. Cette controverse n'a donc pas qu'un intérêt théorique ; loin de là, elle intéresse la photographie elle-même et de plus tous les procédés qui en sont dérivés : photogravure, phototypie, héliogravure, etc. Elle est donc d'un intérêt capital dans la pratique.

Premier système. La photographie n'est pas un art. — Cette opinion qui a compté plus de partisans qu'elle n'en a aujourd'hui, et se voit de jour en jour abandonnée par ses adeptes les plus fervents, remplace le nombre et la valeur des arguments par la netteté et le tranchant de l'affirmation. On dit par exemple, la photographie n'est qu'un mécanisme au moyen duquel on fixe sur une plaque sensible l'image des objets ; c'est une opération manuelle, une expérience de physique suivie d'une réaction. L'absence de personnalité, les capacités spéciales d'un appareil construit d'une certaine façon sont autant d'obstacles à la traduction de la pensée, constitutive de l'art ; le photographe est limité à certains effets de lumière, il est l'esclave du soleil. D'ailleurs, ajoute-t-on, la photographie exagère la perspective, fausse les lignes et les couleurs. Là-dessus on déclare toute admission de la photographie dans le domaine de l'art comme compromettante pour celui-ci, qui ne saurait être comparé à une manipulation aussi vile. Sans doute, le photographe peut, dit-on, faire preuve de talent et de goût artistique, mais il ne franchira jamais l'abîme qui le sépare du véritable artiste qui crée avec les ressources de son esprit.

C'est Lamartine qui s'écrie dans son Cours de littérature : « Est-ce un art que la réverbération d'un verre « sur un papier ? Non ! c'est un coup de soleil pris sur « le fait par une manœuvre ! Mais où est la conception « de l'homme, où est l'âme ? où est l'enthousiasme « créateur du beau ? Dans le cristal, peut-être, mais « pas dans l'homme. La preuve c'est que Titien, Raphaël « ou Van Dyck n'obtiendraient pas de l'instrument du « photographe une plus belle épreuve que le manipula- « teur de la rue. » Ces expressions n'ont rien qui doive étonner dans la bouche d'un romantique témoin des premiers essais de la photographie ; on verra, d'ailleurs, le même Lamartine revenir sur son opinion et déclarer qu'il a parlé ici d'une façon trop absolue.

C'est M. Thomas, avocat impérial, qui semble mettre la photographie au défi de remplir les conditions de la loi de 1793 : « Si la photographie veut être protégée « comme une œuvre de l'intelligence et de l'esprit, ce « n'est donc pas seulement dans la recherche du sujet « que je devrai trouver l'intervention de l'intelligence « et de l'esprit, il faudra surtout que dans l'exécution je « retrouve encore cette action intelligente de l'homme « sur l'instrument... Le photographe a dressé son « appareil et, à partir de ce moment, il restera com- « plètement étranger à ce qui va se passer : la lumière, « un agent splendide, mais indépendant, a tout « accompli. Donc, conclut-il, au point de vue légal les « photographies ne sont pas des produits de l'intelli- « gence et de l'esprit susceptibles d'être protégés par « la loi (1) ».

Il faut encore signaler la protestation d'un groupe d'artistes, effrayés de la décision de quelques arrêts proclamant que la photographie était un art : « La « photographie, disaient-ils, se résume en une série « d'opérations toutes manuelles, qui nécessite sans « doute quelque habitude des manipulations qu'elle « comporte ; mais les épreuves qui en résultent ne « peuvent, en aucune circonstance, être assimilées aux « œuvres, fruits de l'intelligence et de l'étude de l'art. » Cette protestation était signée : Ingres, Flandrin, Robert Fleury, Henriquel, Dupont, etc.

____

(1) Pataille, 63, 405. Vaussi, plaidoirie de Hérold, devant la Cour de cassation, P. 62, 423. En ce sens, Calmels, p. 651, et Morillot. *De la protection accordée aux œuvres d'art en Allemagne*, p. 157. A noter un jugement du Tribunal civil de la Seine, 12 déc. 1862. Pat., 63, 396.

Enfin de nos jours, c'est **M. Morillot** qui, dans son livre sur les œuvres d'art en Allemagne, reproche à celle-ci « de s'être laissée aller à introduire même par « une porte de derrière, les photographes dans la *pha-* « *lange sacrée des auteurs.* » C'est M. Bardoux, lui-même, qui dans sa proposition de loi de 1889, accorde la protection légale aux photographes (1) et ne craint pas de dire cependant que le photographe peut bien faire preuve de goût artistique, mais qu'il est impuissant à réaliser une conception idéale, une pure création de l'esprit.

Second système, La photographie est un art. — On peut répondre aux partisans du premier système : sans doute la photographie ne saurait être comparée à la peinture, la sculpture, la poésie, mais cela n'empêche pas ses œuvres d'être des œuvres de l'esprit, et par conséquent de constituer toujours une propriété artistique aux termes de la loi de 1793.

Si l'opinion que je combats a pour elle des personnalités marquantes, il ne faut pas pour cela oublier que celle-ci est défendue par les jurisconsultes les plus éminents qui se soient occupés de propriété artistique : Rendu, Pouillet, Sauvel, Blanc (2), sans oublier les grands noms d'artistes et de littérateurs. Lamartine que nous avons vu si violent tout à l'heure, avoue mainte-

---

(1) V. art. 5 de cette proposition. V. plus haut. chap. I. Historique, *in fine.*

(2) V. également en ce sens : Bigeon. *La photographie et le droit,* p. 49 à 71. Vaunois. Thèse, p. 194. Vaunois. *Du droit de propriété littéraire et artistique en matière de photographie (Bulletin de l'Association littéraire et artistique internationale.,* 2ᵉ Série, nᵒ 15, 1890. V. aussi. Romberg. p. 267, qui ne se prononce pas sur la question.

nant s'être exprimé trop précipitamment : « La photographie, dit-il, c'est le photographe ; c'est un art, c'est
« mieux qu'un art, c'est un phénomène solaire, où l'ar-
« tiste collabore avec le soleil. » On ne peut guère se
contredire d'une façon plus complète. Enfin, si nous
avons vu une pétition d'artistes bannissant la photographie du domaine de l'art, en voici deux autres en sens
contraire, la première à propos du projet Bardoux, la
second à propos du projet Philippon et dont il suffit de
citer les signatures ; 1° Baudry, Bonnat, Bouguereau,
Cabanel, Carolus Duran, Jérôme, Hébert, Puvis de
Chavannes, Robert Fleury ; — 2° Bonnat, Bouguereau,
J. Breton, Dagnant-Bouveret, Puvis de Chavannes, etc.

Les adversaires de la photographie disent : la personnalité du photographe ne joue aucun rôle dans l'opération, il n'y a pas de cachet d'individualité propre,
donc pas d'art. On peut répondre : dans toute œuvre
photographique on trouve la conception du sujet et la
réalisation matérielle d'une idée artistique, comme dans
les œuvres d'art : sans doute l'instrument qui est dans
les mains de l'opérateur est perfectionné, mais n'en
reste-t-il pas le maître ? Le photographe, après avoir
conçu son sujet, devra composer sur nature, au lieu de
faire, comme fait souvent le peintre, une composition
imaginative, choisir le jour, l'heure la plus favorable à
l'exécution de son sujet, choisir son point de vue et cela
qu'il s'agisse d'un paysage ou d'un portrait. S'il s'agit
d'un portrait, il n'est pas plus que l'artiste dispensé de
la composition de l'ensemble; le portrait, en photographie comme en peinture, n'est pas plus dispensé que
tout autre production des règles de la composition, de

l'équilibre des lignes et des tons, des lumières et des masses ; il a de plus une nouvelle difficulté à surmonter, c'est l'interprétation vraie de la physionomie ; telle inclinaison de tête paraîtra naturelle chez l'un, forcée chez l'autre ; telle lumière accusera un trait caractéristique de la figure ; la direction du jour peut changer complètement l'expression de l'œil. Le cliché fait, il reste la retouche : la photographie a ses défauts, comme le font si bien sentir ses adversaires ; elle exagère les premiers plans, force la perspective, par conséquent elle grossit les traits ; c'est au photographe à faire disparaître les exagérations qui nuisent à l'ensemble, à conserver, au contraire, celles qui sont d'un effet heureux. Enfin, l'opération chimique, en elle-même, ce que l'on appelle dédaigneusement une réaction, peut-être conduite avec plus ou moins de goût : en remplaçant tel produit par tel autre on obtiendra un effet, une tonalité (1) différente, par suite une modification d'ombre qui sera mieux dans le caractère de l'objet traité ; avec tel produit on obtiendra un grain, avec tel autre, non. Tel procédé chimique donne une teinte opaque, tel autre une teinte transparente. Sans entrer dans plus de détails, je me crois permis de dire, dès à présent, que le photographe qui veut vraiment mériter ce nom, a les mêmes préoccupations d'esthétique, doit obéir aux même règles de composition, d'équilibre et

______

(1) Il peut sembler bizarre d'entendre dire que les photographies ont un ton, une couleur : cela n'en est pas moins vrai, il suffit de comparer deux épreuves obtenues par deux individus pour s'apercevoir de la différence. Souvent un même photographe tire toutes ses épreuves de la même couleur, ce qui est un tort.

de proportions que le peintre ; qu'il peut dans sa cuisine obscure, donner un sens artistique aux teintes qu'il obtient à l'aide de ses bocaux ; qu'il fait, ou tout au moins, doit faire œuvre d'artiste, rien ne lui manque pour cela ; la seule chose dont il n'ait pas à s'occuper est justement ce qu'en art on nomme le métier.

Les partisans de la première opinion peu confiants dans l'argument que je viens de détruire, en ont depuis longtemps fait valoir d'autres en seconde ligne, faisant ainsi plus de mal que de bien à la défense de leur opinion.

On a reproché, par exemple, à la photographie de ne pouvoir reproduire les couleurs. Je n'ai pas l'intention de répondre à cet argument qui n'en est pas un, mais de dire seulement qu'elle est à la veille de ce progrès et que dans ce domaine elle sera un procédé plus parfait que la peinture : l'œil photographique perçoit les rayons ultra-violets qui échappent à l'œil humain. On lui a encore fait un crime de ce qu'elle déforme les objets, exagère les premiers plans, fausse la perspective, on a répondu à cette objection, qui lui refuse la qualité d'art, par quel autre argument? par une invention de physique-mathématique, par la découverte de la correction de l'aberration de sphéricité : *Risum teneatis amici!*

La photographie a ses célébrités : Réjlander, Ferton, Delamotte, Legray, Siloy et, parmi les modernes, Pierre Petit, Nadar, Lumière, Niewenglowski ; elle a aussi des adeptes consciencieux qui n'ont pas craint la dépense, la fatigue, les longues heures d'attente, pour arriver à l'établissement d'un cliché vraiment artistique ou même pour mettre à la disposition des peintres et sculpteurs un document qui les aidera dans leurs travaux (1).

Troisième système. La jurisprudence (2). — La jurisprudence n'a adopté ni l'un ni l'autre de ces systèmes, après cependant avoir manifesté des tendances vers le second. Elle s'est prononcée en faveur d'un système intermédiaire, qui comme tout autre de sa nature, ne trouve de grâce auprès de l'un, ni auprès de l'autre des deux partis ; il n'en trouvera pas davantage ici : car il est inventé de toutes pièces en dehors de la loi. Il est faux, illégal et dangereux.

La jurisprudence fait, en effet, une distinction entre les photographies qu'elle qualifie d'industrielles et les photographies qu'elle qualifie d'artistiques. Elles auront ce caractère, dit-elle, lorsque la manière intelligente dont le modèle a posé, le choix et le grand style des accessoires, révéleront un travail vraiment intellectuel et un goût artistique.

(Paris, 10 avril 1862. Sirey, 63, 1, 41 et Pat. 62. p. 113 ; Rej., 28 nov. 1862, Pat., 62, p. 419 ; Paris, 29 av. 1864, Pat., 64, p. 235 ; Paris, 6 mai 1864, Pat., 64, p. 232 ; Paris, 29 nov. 1869, Sirey, 70, II, 777) ; Trib. corr. Seine, 17 av. 1885, Pat., 89, p. 146 ; Trib. corr. Seine, 26 av. 1894, Pat., 94, p. 334 ;

---

(1) V. les exemples cités dans Bigeon, p. 66, 67 et 68 et en note. V. aussi deux arrêts en ce sens: 8 juillet 1887. D. p., 88. 2. 180. 15 janvier 1864.

(2) V. Pouillet. p. 121. Bigeon. p. 72 et 83. Vaunois. Thèse p. 200. note.

Angers, 23 nov. 1893, Pat., 97, p. 129), [Refus de la propriété artististique aux photographies instantanées] (1) ; (Trib. civ. Seine, 22 fév. 1897, Pat., 97, p. 135 ; Trib. civ. Seine, 4 janv. 1897, Pat., 97, p. 144 (2) ; Paris, 6 mai 1897, Pat., 97, p. 147).

Peut-être la jurisprudence a-t-elle voulu dans ce système faire la part d'une façon bien incomplète il est vrai, du mouvement généralisateur de l'art, qui s'est développé dans toutes les branches de l'industrie. Les magistrats ont reconnu que certaines photographies frappaient involontairement l'œil le plus mal intentionné à leur égard, par leur caractère artistique indéniable ; ils ne se sont pas rendu compte que non seulement il peut y avoir des photographies artistiques, mais que toute œuvre photographique doit avoir ce caractère, que l'art est à la base de tout ce qui a pour but d'arriver à une imitation quelconque de la nature. On a vu plus haut que telle avait été la pensée du législateur de 1793, qui n'a pas circonscrit le domaine de l'art ; comme on sait d'ailleurs qu'il n'a pas distingué davantage entre les œuvres plus ou moins parfaites, on doit pour interpréter sainement la loi dire : la photographie rentre par

____

(1) Cet arrêt de la Cour d'Angers, outre qu'il est contraire à la doctrine, est inconciliable avec plusieurs arrêts en matière de photographie ; en effet il n'y a pas de limite appréciable entre l'instantanéité et le temps de pose. D'ailleurs y eut-il une limite, l'instantanéité ne serait pas par elle-même un obstacle au caractère artistique de la photographie.

(2) Le Tribunal de la Seine, outre qu'il a adopté l'opinion de la jurisprudence, s'est érigé ici en critique d'art en décidant que le photographe paysagiste ne faisait jamais œuvre d'artiste, que, s'il reproduisait un monument, chacun avait le droit de copier sa reproduction sans s'exposer à la poursuite en contrefaçon.

ses principes dans le domaine de l'art tel que l'a envisagé
la loi, peu importe que certaines œuvres soient impar-
faites au point de vue de l'art, la loi de 1793 n'en doit
pas moins s'appliquer d'une façon générale à toute
œuvre photographique ; affirmer ce sens de la loi c'est
condamner en principe le système de la jurisprudence.

Mais cette opinion de nos tribunaux n'a pas qu'une
conséquence théorique, elle a une importance pratique
considérable. On se base sur une distinction. Qui va
la faire ? C'est le juge du fait répond la Cour de cassation, érigeant ainsi les membres de la magistrature en
critiques d'art : ont-ils quelque compétence pour cela ?
Nullement, tout au moins en principe. En fait, la connaissance et le goût des choses de l'art peuvent se rencon-
trer chez eux, mais cela n'empêchera pas le photographe
de n'avoir qu'une confiance très limitée dans les idées
artistiques de ses juges. Qui de nos jours ne s'est
aperçu avec un certain étonnement, en visitant une
exposition, des bizarreries et des inconséquences de goût
manifestées par la plus grande partie des gens qui ont
reçu une instruction soignée ? Le magistrat a de plus à
surmonter une difficulté qui lui est particulière il ne
peut se prononcer qu'en ayant sous les yeux le texte de
la loi. On aboutira de la sorte à des hésitations, à des
contradictions qui seront du plus mauvais effet et com-
promettront gravement le droit des photographes.

Conséquences de la protection légale. — Puisque l'on doit
reconnaître la propriété artistique à la photographie,
il faut protéger toute œuvre de ce genre contre la reproduction faite au moyen d'un procédé quelconque se

rattachant de près ou de loin aux beaux arts. Or, comme on a pu le voir, la jurisprudence manifeste à ce sujet les mêmes hésitations que sur la question de principe. L'arrêt du Tribunal civil de la Seine du 4 janvier 1897 que j'ai rapporté plus haut, autorisait un artiste à reproduire par le dessin une photographie sans le consentement de l'auteur ; il est vrai que cela n'a rien qui doive étonner puisque le même arrêt refusait au photographe le droit de propriété artistique. Mais il y a un jugement du Tribunal correctionnel de la Seine du 17 avril 1885 (1), qui tout en reconnaissant le caractère artistique à la photographie, en autorisait la reproduction par le dessin sous prétexte que l'œuvre se transformait par le fait de la copie artistique. Cela est évidemment illogique ; sans doute la copie faite par un moyen artistique porte un cachet propre, on n'en admet pas moins pour cela que la copie d'un tableau sans le consentement du peintre est une contrefaçon. Or si l'on reconnaît la propriété artistique à la photographie, on ne doit pas autoriser à son égard des actes qui sont réprimés à l'égard de la peinture.

Il est évident que le photographe ne pourrait se plaindre de la reproduction de sa photographie si celle-ci n'a été utilisée qu'à titre de document, pourvu que la composition soit modifiée, et qu'en un mot il résulte de l'examen de l'œuvre qu'elle n'a été employée que pour obtenir une exactitude plus complète. Cette remarque n'est pas sans intérêt étant donné le nombre considérable de photographies qui servent de documents

______

(1) Pataille, 1889, p. 146.

dans la peinture et la sculpture ; chacun a pu se rendre compte par lui-même des changements considérables survenus dans ces deux branches de l'art depuis l'emploi de la photographie instantanée.

Conclusion. — La photographie a incontestablement droit à la protection légale et l'on peut être étonné qu'en France cette idée soit à ce point controversée. La Convention de Berne s'est montrée favorable à sa protection grâce à un vœu émis par la délégation suisse et soutenue par la France et l'Italie contre la délégation allemande ; dans cette convention ceux des pays où le caractère artistique est reconnu à la photographie, se sont engagés à l'admettre au bénéfice des dispositions de la convention. Depuis la convention de Berne, tous les congrès, celui de Londres en 1889, celui des Etats de l'Amérique du Sud, du 11 janvier de la même année, celui de Bruxelles de 1891, ont émis des vœux analogues. En France les projets de loi sur la propriété artistique protègent la photographie, malheureusement ils n'ont pas encore abouti.

L'Etranger paraît en cette matière plus avancé que la France dans la résolution du problème de la photographie : parmi les législations les unes accordent expressément aux œuvres photographiques la même protection qu'aux œuvres artistiques, comme l'Espagne, l'Autriche, la Russie, l'Angleterre, le Mexique, les Etats-Unis (1) ; les autres sont soumises à un régime de protection spéciale, telles la Norvège, l'Allemagne,

---

(1) Loi du 2 mars 1895, amendant l'article 4965 du chapitre 3, titre 60 des statuts (Pat., 95 p. 254).

la Finlande, le Danemarck, la Suisse, la Hongrie, le Japon ; quelques législations seulement forment le troisième groupe, avec la France où le droit des photographes est incertain ce sont par exemple la Grèce, l'Italie, le Portugal.

§ 5. — Copie et Reproduction

On a vu jusqu'ici l'artiste véritablement créateur, faisant ce que l'on appelle une œuvre originale. L'idée de création et de personnalité se trouve ainsi réalisée de la façon la plus complète ; mais on peut aller plus loin, suivre une progression qui, de la création imaginative, mène insensiblement à la simple copie, et en passant à la limite, comme disent les mathématiciens, on dira : La copie a droit à la protection de la loi de 1793 comme étant une œuvre d'art : en effet, il y a dans une copie quelque chose de nouveau, de véritablement créé, il y a l'empreinte personnelle de l'artiste, qui fait que plusieurs copies d'une même œuvre ne se ressemblent jamais et qu'aucune n'est adéquate à l'original. Elle réalise donc les conditions nécessaires pour être une œuvre d'art. Comment la propriété artistique va-t-elle s'exercer à l'égard de la copie ? L'artiste qui l'a faite a-t-il le droit d'empêcher que l'on en reproduise la composition, l'arrangement ? Nullement ; pour trouver la vraie mesure de son droit, il faut et il suffit de se rappeler la situation de l'artiste créateur d'une œuvre originale Le droit de celui-ci ne porte pas sur le sujet ; or, ici c'est l'œuvre originale qui joue le rôle de sujet à l'égard de la copie. Celui qui copie un tableau, une statue, une gravure n'a pas le droit d'empêcher un autre individu de copier le même tableau, la même statue, la même gravure, il peut seulement s'opposer à ce que l'on reproduise, par un moyen quelconque sa copie elle-même ; car son droit porte sur son exécution propre.

La jurisprudence applique d'ailleurs invariablement cette règle (T. corr., Seine, 3 août 1836. Gastambide, p. 381. Paris, 30 juillet 1888. Pat., 89, 118).

Par conséquent, peu importe que l'œuvre originale soit tombée dans le domaine public ; si un artiste la copie, son œuvre est l'objet d'un droit privatif : on peut copier l'original : on ne peut copier la copie.

Ce que je viens de dire de la copie, et qui ne fait aucun doute en théorie ni en pratique, s'applique également avec la même force à la reproduction qui n'est qu'une copie multipliée dans un but commercial. Pour la gravure, cela ne peut souffrir de doute ; quant aux moyens de reproduction plus ou moins mécaniques dérivés de la photographie, on a vu qu'ils participaient de la protection légale accordée à celle-ci et ce n'est pas une exagération. Sans doute la fabrication du cliché n'offre pas les mêmes difficultés de composition et d'art si le photographe a braqué son objectif devant la toile d'un maître que s'il a pris pour objet la nature ; mais elle offre des difficultés d'un autre genre. L'éclairage est ici d'une importance spéciale, le temps de pose réglé à une seconde près, enfin la retouche, la mise en œuvre du cliché sont autant de questions d'interprétation artis-

tique que l'on ne résoudra pas toujours facilement. Il
est donc faux de dire que le résultat de l'opération est
dû, moins à l'individualité artistique qu'à la machine
aveugle, de même que pour la photographie il est faux
de dire que l'appareil n'a pas besoin d'être conduit.
Peu importe que l'instrument soit plus ou moins parfait : la tâche comporte l'interprétation de l'œuvre d'art,
sa traduction, pourrais-je dire, dans une autre langue
artistique, opération qui ne demande pas que des habi-
letés d'ouvrier, qui exige le sens artistique chez celui
qui la dirige : pour traduire un morceau de littérature
étrangère, suffit-il par hasard, de savoir la langue française sur le bout du doigt ? Nullement, il faut com-
prendre la langue traduite, n'en pas dénaturer le sens
dans sa version. Comment fera-t-on la part de la machine et celle de l'artiste puisque le résultat est unique ? Il n'y a qu'une solution possible : c'est la protection de la reproduction. Ce que je dis là des moyens de
reproduction dérivés de la photographie, on peut le dire
du moulage en sculpture, qu'il soit fait sur nature ou
sur l'œuvre d'art à reproduire, on peut le dire également de la réduction mécanique d'une statue comme
celle qui est utilisée pour les bronzes d'art. Ici la reproduction demande encore plus de goût artistique et
d'interprétation vraie que dans le domaine des arts
délinéatoires. Il faut donc condamner à ce sujet et
d'une façon absolue les décisions de la jurisprudence à
l'égard des fabricants de bronze, leur refusant la propriété artistique, et déclarant d'ailleurs les juges du
fait, souverains sur la question de la propriété.

(Paris, 15 janvier, 1862. P. 62, 35 (Procès Barbedienne). Rèj., 16 mai 1862. P. 62, 417. Voir en sens contraire : Paris, 11 juin 1890. Pat. 92, p. 244 (rapporté plus loin).

§ 6. — DE LA DESTINATION INDUSTRIELLE

Il y a des ouvrages de sculpture qui sont destinés à être reproduits par l'industrie, comme la gravure est destinée à être reproduite par l'imprimerie. Ce but commercial de l'ouvrage ne saurait lui enlever le caractère artistique, c'est le fait de la création de l'ouvrage original qu'il faut considérer ; la question de mérite de l'œuvre n'importe pas non plus. On a vu plus haut que cette idée de mérite artistique avait été absolument étrangère au législateur de 1793. D'ailleurs la composition du modèle qui doit être aussi soigné qu'une statue du Salon, les retouches que l'on fait subir aux épreuves, enfin la conduite générale du travail de la reproduction doivent être inspirées au plus haut degré des principes de l'art, et il est inutile d'insister davantage pour être assuré de l'application de la propriété artistique aux objets d'art destinés à être reproduits par l'industrie, puisque d'ailleurs j'ai montré plus haut que la propriété s'attachait non seulement au modèle mais encore à l'épreuve. Cependant il me semble à ce point de vue utile de revenir sur ce que j'ai dit pour montrer la distance qui sépare ici la jurisprudence de la doctrine, les hésitations et les contradictions de la première, l'étroitesse de ses théories comparées aux principes adoptés par la seconde.

La jurisprudence a été, je le crois du moins, conduite à des décisions contradictoires, par suite de ce fait que le modèle artistique lui semblait suffisamment protégé par la propriété qu'on lui reconnaissait ; elle ne s'est pas aperçue qu'en permettant la reproduction de l'épreuve industrielle elle laissait l'œuvre elle-même à la merci des contrefacteurs, fait d'ailleurs qui a d'autant plus d'importance qu'il y a bien des cas où les épreuves peuvent être considérées comme de véritables originaux (1), où l'œuvre elle-même a été détruite par les nécessités du tirage.

Certains arrêts reconnaissaient que la propriété artistique s'attachait à des chenets en fonte de fer représentant une tête de cheval avec des feuilles d'acanthe en bas-relief. (Trib. correct. Toulouse, 22 déc. 1835, Gastambide, p. 368) [2], a un marteau de porte représentant un dauphin battant sur une coquille (Bordeaux, 21 janvier 1836, Gastambide, p. 387) [2]. Un arrêt de cassation du 2 août 1854 (Sir. 54, 1, 549), a même posé en principe qu'un dessin destiné à être reproduit en relief est protégé par la loi de 1793, sans qu'il soit

---

(1) Ce sont les épreuves faites avec un soin spécial, dans le but d'obtenir un plus grand nombre de moules, et qui par conséquent jouent au point de vue de la reproduction le rôle de véritable original, les épreuves types en général conservées par le fondeur, quand le moule a été fait à cire perdue. Le même fait se produit dans les arts du dessin, une épreuve peut avoir plus de valeur que l'original, celles par exemple qui sont l'objet d'un tirage spécial, surtout si l'original a été fait par l'artiste dans une dimension plus grande qu'il ne voulait le voir reproduit, de façon à faire valoir par le tirage les finesses, le relief et le modelé.

(2) Cité par Pouillet, p. 91. V. d'ailleurs sur la question Pouillet, p. 89 et s.

besoin de considérer s'il a un mérite quelconque, pourvu qu'il porte en lui-même un cachet d'individualité propre. La propriété artistique a encore été reconnue à des poignées de sabres, d'épées, de couteaux de chasse (1), à un poinçon destiné à estamper des objets de bijouterie (2), à un album contenant des légendes, dessins et tarifs, en même temps d'ailleurs que la propriété littéraire (Paris, 4 mai 1878, Pat., 78, 123), à des dessins de prospectus industriels (Paris, 11 juin 1885, Pat., 86, 129), à des vases de marbre ornés de figurines d'enfants (Paris, 26 oct. 1885, Pat., 90, 170), à un marteau de porte représentant une main (Lyon, 9 déc. 1891, Pat., 92, 162), à un dessin de cadre (3). Enfin, deux arrêts récents de Paris, l'un du 11 juin 1890 (4), l'autre du 16 nov. 1893 (5), deux autres de la même cour, tous deux du 17 janvier 1895 (6), ont décidé en principe que la reproduction industrielle n'enlevait pas à l'œuvre de sculpture le caractère artistique, et le premier de ces arrêts, a même manifesté au point de vue de la reproduction, une opinion diamétralement opposée à la jurisprudence antérieure, en décidant qu'il pouvait y avoir création dans la reproduction industrielle d'une œuvre de sculpture et, par conséquent,

(1) T. comm. Seine, 6 juin 1836. Gastambide. *Traité théorique et pratique des contrefaçons en tous genres*. p. 372.

(2) Paris, 12 déc. 1861. Pat., 62, 61.

(3) T. c. Seine. 22 juin 1896. Pat., 97, p. 150.

(4) Pat., 92, p. 244.

(5) Pat., 94, p. 66.

(6) Pat., 95, p. 45. V. aussi en ce sens un jugement du Tribunal correctionnel de la Seine. 22 avril 1880. Pat., 84, p. 353.

propriété artistique au sens de la loi de 1793 (1). Il est vrai que dans l'espèce des retouches avaient été faites par l'industriel ; mais de là à admettre que la propriété artistique s'attache aux reproductions industrielles, il n'y a pas loin ; et cet arrêt constitue une raison *à fortiori* de décider que la reproduction industrielle n'enlève pas à l'œuvre le caractère artistique.

Mais si la jurisprudence paraît aujourd'hui vouloir reconnaître à la reproduction industrielle le caractère artistique, il ne faut pas oublier pour cela quelle a été fixée nettement en sens contraire dans les arrêts rendus à propos des fabricants de bronze, et que les bonnes intentions dont elle paraît animée aujourd'hui n'instituent nullement un état de choses sur lequel on puisse compter.

Ces arrêts sont du 8 juin 1860. (Pat., 60, 394), 16 mai 1862 (Pat., 62, 417), 8 mars 1866 (Pat., 66, 236), 17 janvier 1882 (Pat., 82, 36).

On ne peut mieux apprécier cette jurisprudence qu'en protestant avec M. Pouillet « contre une doctrine « qui pose en principe que l'art s'abaisse en s'alliant à « l'industrie, au lieu de reconnaître que c'est l'indus- « trie qui s'élève en empruntant le secours de l'art. »

Si l'on passe de la sculpture au dessin et aux arts délinéatoires en général, la confiance qui aurait pu être inspirée par les récentes décisions que j'ai cité plus haut, disparaît totalement. La jurisprudence n'admet

---

(1) Cet arrêt est curieux surtout si on le rapproche de l'arrêt Barbedienne, qui a décidé d'une façon absolue que la reproduction industrielle ne pouvait créer de propriété artistique malgré les retouches. V. plus haut § 5 du même Chapitre.

même plus qu'un dessin rentre dans le domaine de l'art s'il doit être reproduit ; elle se rejette avec persistance sur la loi de 1806, en fait en quelque sorte une disposition exceptionnelle à l'égard de la loi de 1793, tandis qu'elle n'est qu'un complément de protection pour les dessins qui doivent être reproduits par l'industrie. La contradiction entre les arrêts est flagrante : la jurisprudence prétend établir un criterium entre le dessin artistique et le dessin dit de fabrique, elle ne s'inquiète pas de savoir s'il constitue en lui-même une création dans le domaine de l'art, s'il exige pour sa réalisation l'application des règles de proportions, d'ensemble, de composition, elle ne s'attache qu'au résultat industriel décidant que si le dessin ne peut être utilisé dans un autre but, il est et reste un dessin de fabrique non protégé par la loi de 1793, mais par celle de 1806. Elle déclare en somme que la spéculation faite par l'auteur d'un dessin, la pensée de derrière la tête, pour vulgariser l'expression, détruit le sens esthétique, le travail de conception, de composition et d'exécution, qui mettent peut-être l'artiste au premier rang des hommes de son temps ; et elle a sous les yeux la loi de 1793, qui s'applique à toute œuvre rentrant à un degré si faible qu'il soit dans le domaine des beaux-arts !

Il suffit de citer les décisions, point n'est besoin d'insister sur cette appréciation générale qui, à mon sens, n'est pas assez sévère pour la jurisprudence.

La Cour de Poitiers décide, le 31 décembre 1890, que la loi de 1793 ne s'applique à un dessin que s'il constitue une œuvre d'art proprement dite. *Il n'a pas ce caractère, si sa destination est industrielle ou commerciale* (Pat., 91, p. 328).

La Cour de Rouen décide que si le dessin ne doit servir qu'à l'industrie et ne peut avoir une vie propre et indépendante, ce n'est plus qu'un dessin de fabrique à raison duquel les prescriptions de l'article 15 de la loi de 1806 doivent être suivies (Rouen, 18 janvier 1892. Pat.. 94, p. 40.)

La Cour de Paris, dans deux arrêts, l'un du 28 juillet 1891, l'autre du 21 janvier 1892 (1), décide qu'*un dessin reproduit en affiche ne peut être protégé que par la loi du 18 mars 1806 sur les dessins de fabrique, même s'il a un caractère artistique*. On ne peut pas nier plus complètement la loi de 1793, l'arrêt dit en effet que l'affiche ne peut être protégée par la loi sur les dessins de fabrique que parce qu'elle est imprimée c'est-à-dire appliquée à l'industrie par un procédé industriel, on peut en dire autant de toute œuvre artistique et de la gravure en particulier et de cette façon, on tient pour nulle et non avenue la loi de 1793. Faire d'une affiche un dessin industriel est en tous cas une idée originale, alors que tout le monde pensait jusqu'ici que l'affiche était par elle-même et essentiellement, une lithographie en couleurs, une œuvre d'art, une composition destinée, comme toute autre, à attirer le regard, à le charmer, à provoquer une idée quelconque chez le spectateur, à détourner sa pensée au profit de la chose qui fait l'objet de la réclame. L'affiche a sa raison d'être en elle-même, son sens artistique, mais la Cour de Paris préfère en faire un dessin de fabrique ; peu lui importe que son auteur soit Grasset, Toulouse, Lautrec, Mucha Chéret

---

(1) Tous deux dans Pataille, 94, p. 48 et 51. V. la note de Maillart sous ces deux arrêts, V. également Pouillet, p. 94.

Guillaume ou Villette. L'arrêt du 28 juillet 1891, à cet égard, est encore plus curieux, étant donné qu'il confirmait un jugement du Tribunal correctionnel de la Seine, du 20 juin 1891, qui refusait la propriété artistique à deux affiches, l'une intitulée : Les Noces de Chocolat au Nouveau Cirque, l'autre représentant un Polichinel'e-Arlequin destiné à un magasin.

Les juges correctionnels trouvaient qu'elles ne renfermaient rien de bien neuf ni de bien original ; sans doute las des « attendu » juridiques ils ont pris plaisir à motiver leur décision à la façon de celles du jury du Salon. Il est sans doute, au point de vue de l'art, permis de discuter leur opinion ; au point de vue juridique, on peut constater qu'ils ont laissé de côté la loi de 1793 (1).

Le tribunal correctionnel de la Seine a continué dans cette voie en décidant, le 25 octobre 1894 qu'*un dessin de diplôme ne constituait pas une œuvre d'art au sens de la loi de 1793*. Il reconnaissait en même temps que la reproduction industrielle n'était pas un obstacle à l'application de la loi. Il la lui a refusée, comme dans le jugement précédent, en se basant sur ses connaissances artistiques, en s'érigeant en critique d'art.

Le Tribunal civil de la Seine a également refusé la propriété artistique à un menu de restaurant en se basant sur sa destination industrielle. (T. c., Seine, 14 mars 1894. *Le Droit*, 6 mai.) [2].

---

(1) V. en ce sens contraire un arrêt de la Cour de Besançon, du 13 juillet 1892, et un autre du 22 novembre 1893. Tous deux dans Pataille, 94, p. 117.

(2) Consulter au sujet des différentes espèces jugées par les Cours et Tribunaux, l'ouvrage intitulé : *Etudes sur la propriété des modèles*

Non seulement il y a contradiction entre les Cours, mais la même solution n'est pas appliquée par elles aux dessins et à la sculpture. Cette diversité de jurisprudence, ces hésitations devraient cesser, grâce au contrôle de la Cour de Cassation. Il n'en a pas été ainsi : celle-ci a admis, avec raison d'ailleurs, que le juge du fait était seul compétent pour reconnaître à un objet le caractère artistique [21 juillet 1855, Pat. 55, 73. — Rej., 8 juin 1860, Pat., 60, 394. — Rejet., 16 mai 1862, Pat, 62, 417 (affaire Barbedienne). — Rej., 18 janvier 1882, 82, 36.]

Mais en ce qui concerne les dessins, la Cour de Cassation a laissé échapper l'occasion de se prononcer sur l'application de la loi de 1793 et de prévoir par là les écarts de la jurisprudence que je viens de rapporter. L'arrêt de Rouen fut en effet l'objet d'un pourvoi en cassation. La question de l'application des lois de 1806 et 1793 qu'on a vue plus haut, se présentait pour la première fois devant la Cour suprème : elle a éludé la question qui lui était posée en prononçant que les juges du fait avaient décidé souverainement que le défendeur avait reproduit de bonne foi des dessins tombés dans le domaine public. Or la Cour de Rouen avait basé sa décision sur ce que ces dessins n'avaient pas été déposés au conseil des prud'hommes conformément à la loi de 1806. Ils faisaient donc l'application de cette loi de préférence à la loi de 1793 et la Cour suprème aurait

d'art appliqués à l'industrie, publié par Soleau. avec les dommages-intérêts obtenus dans son procès en contrefaçon devant la Cour de Paris (26 octobre 1885, Pat., 90, 170), où la loi de 1793, a été appliquée.

dû statuer sur cette interprétation ; son arrêt de rejet constitue une pure pétition de principes.

En résumé, on peut dire que la jurisprudence s'est écartée à tort de la doctrine sur ce point ; et qu'elle manifeste des hésitations, des écarts d'opinion et des contradictions (1) regrettables au point de vue de la justice. Cette situation nécessite un arrêt de la Cour de Cassation qui tranche la question de l'application de la loi de 1793 et de la loi de 1806, qui restitue à celle-ci son caractère de véritable loi complémentaire et de circonstance, jamais exceptionnelle par rapport à la première, mais au contraire s'appliquant concurremment avec celle-ci dans la plupart des cas.

Peut-être serait-il encore plus à souhaiter que les projets de loi sur la propriété artistique voient enfin le jour, adoptant l'opinion de la plupart des auteurs, les vœux du congrès des arts décoratifs et du rapport de G. Maillard qui voulait que toutes les œuvres du dessin et des arts soient protégées. (Formule adoptée par le Congrès d'Anvers.)

(1) Exemple celle qui résulte de la comparaison du jugement du T. C. Seine, 22 juin 1896, reconnaissant la propriété artistique à un dessin de cadre et celui du 14 mars 1894, refusant la propriété artistique à un menu de restaurant ; ces deux jugements émanaient de la même section de la même Chambre.

CHAPITRE III

Analyse et Modalités de la propriété artistique.

§ 1. — Plan de la matière et généralités

Dans le chapitre précédent, j'ai rattaché l'étude du domaine de la propriété artistique à l'idée de création qui en est le principe ; il me semble nécessaire de remonter encore une fois à cette idée pour déterminer les caractères distinctifs de la propriété artistique, les différents droits qui en découlent ou plutôt en lesquels elle se décompose. Le fait de la création est encore à la base de l'étude des modalités de cette propriété puisque c'est des modifications de cette création et des circonstances qui l'accompagnent, que découleront les modalités de la propriété artistique.

En abordant l'étude des caractères et l'analyse de la propriété artistique, il est utile, sans toutefois entrer dans des discussions hors de propos, de rappeler que le droit d'auteur, considéré comme une véritable propriété par la majorité des auteurs, est un droit mobilier qui est saisissable en principe, mais qu'on ne peut guère ranger dans la catégorie des droits réels ou personnels, en vertu de cette double raison : qu'il a un caractère spécial, étant une émanation de la personnalité morale de son titulaire, et que d'ailleurs les Romains,

inventeurs de la distinction des droits réels et des droits
personnels, ignoraient la propriété littéraire et artistique (1).

§ 2. — Caractères et analyse de la propriété

artistique

Le fait de la création est le générateur de la propriété artistique, mais pour se faire une idée exacte de
cette propriété il faut ajouter qu'elle ne se révèle dans
toute sa plénitude qu'au moment de la publication ;
jusque-là, elle sommeille en quelque sorte, la plupart
de ses éléments ne sont pas encore entrés en exercice ;
il y a un germe, non un droit constitué dans son ensemble pour la lutte juridique. Il importe donc de distinguer
dans cette étude deux périodes : celle qui précède la
publication, celle qui la suit :

a) *Avant la publication*. — La conception du sujet
est le point de départ de la création artistique et, au
point de vue légal, la conception, l'idée n'est rien, c'est
la réalisation seule qui est protégée. On verra plus
loin que si l'exécution n'appartient qu'à un seul, l'idée,
la conception est à tout le monde, même quand elle a
été réalisée ; il s'ensuit, *a fortiori*, qu'ici il ne saurait
être question de propriété artistique. La question n'a
jamais souffert aucun doute (2). Mais du moment que

____

(1) V. Pouillet, p. 195. La question a d'ailleurs peu d'importance,
comme le fait remarquer l'éminent jurisconsulte, étant donné le
caractère mobilier du droit.

(2) V. cependant un jugement rapporté dans Pataille, 98, p. 55.

l'artiste a entrepris la réalisation de son idée, dès qu'il a jeté sur la toile les premiers traits, commencé à pétrir la terre glaise, la situation change. Il devient maître de son œuvre, il peut la modifier comme bon lui semble, il a le droit de la détruire en tout ou partie, il peut l'améliorer ou la rendre pire ; le libre exercice de sa volonté ne peut en rien être entravé, il n'est lié par aucune obligation, par aucun contrat. Par conséquent il a le droit de demander des dommages-intérêts à la personne qui, même après avoir payé son œuvre, la lui enleverait avant complète exécution ; il pourrait de plus exiger la restitution ; *a fortiori* il en serait ainsi, si la personne en question lui avait enlevé son œuvre pour la faire achever par un tiers. (T. c., Cahors, 29 juillet 1896, Pat., 97, p. 122). On ne peut dire que ce soit là une conséquence de la propriété matérielle ; en effet, il en serait ainsi alors que la vente aurait été faite pendant que le tableau ou la statue étaient en cours d'exécution (je ne parle pas du cas de commande que l'on verra plus loin).

Le droit de l'auteur sur l'œuvre inachevée est donc considérable ; la loi considère l'artiste comme responsable de la valeur et de l'idée de son œuvre devant le public et peut-être la postérité ; de ce fait, elle le laisse seul juge de la question de la publication. Dans cet ordre d'idées, il faut admettre qu'un artiste a ce droit absolu sur son ouvrage quelle que soit sa situation, les obligations qu'il a contractées, jusqu'au moment de la publication. L'intérêt moral de l'artiste, le souci de sa réputation sont autant de motifs pour moi de dire que l'œuvre d'art est inédite au point de vue légal même après son achèvement, tant qu'elle n'a pas été l'objet d'un fait quelconque de publication. Celui qui a travaillé sur une toile pendant plusieurs mois, l'abandonne souvent pour la reprendre plus tard, à une époque où il se rendra mieux compte des défauts ; on croyait l'ouvrage achevé et l'artiste le reprend, suivant en cela le principe de Boileau :

> Polissez-le sans cesse et le repolissez.... !

L'artiste, jusqu'au moment de la publication conserve donc son droit absolu sur son ouvrage : droit de publier ou de ne pas publier, droit de modifier ou de détruire en tout ou en partie, droit de signer ou ne pas signer.

Aussi je ne pense pas que l'on puisse accepter l'opinion de Pouillet quand il dit :

« Si l'œuvre littéraire, tant qu'elle est inédite, est
« soustraite par nous à l'action des créanciers, c'est
« que sa publication peut engager gravement la respon-
« sabilité de l'auteur et que, par suite, tant qu'il n'a
« pas lui-même, jugé convenable d'exposer sa per-
« sonne ou sa situation, de courir au-devant des dangers
« que son écrit est de nature à lui créer, nul ne peut
« suppléer à sa volonté. Il n'en est pas de même pour
« les œuvres d'art, qui peuvent être plus ou moins par-
« faites, mettre en péril la réputation d'un artiste, mais
« ne sauraient lui créer les mêmes dangers qu'un
« écrit. (1) ».

On peut reconnaître tout d'abord que M. Pouillet fait

____

(1) Pouillet, p. 205.

bien peu de cas de la réputation des artistes, comparée à celle des littérateurs, quant à nier le danger auquel s'expose un artiste qui publie un ouvrage, c'est une exagération que l'on ne peut admettre. Il y a des ouvrages en art, tout comme en littérature qui ont une portée sociale, sont une satire souvent très amère de tel ou tel travers, il en est même qui ont une portée politique ; ils sont tous, et forcément, le reflet d'une tendance, d'un principe philosophique, idéalisme, symbolisme, impressionnisme, réalisme, etc, etc. Enfin les ouvrages de peinture, de sculpture, de dessin, de photographie ne sont-ils pas soumis à la censure tout comme ceux de la littérature ? Ne tombent-ils pas quelquefois sous l'application de l'article 28 de la loi du 29 juillet 1881 et de la loi du 24 août 1882 qui punissent l'outrage aux bonnes mœurs ? Remarque qui prend d'ailleurs encore plus d'importance, si l'on sait, qu'au cas de récidive, le délit peut être considéré comme constituant l'excitation à la débauche. On ne peut donc dire en principe que la responsabilité de l'artiste n'est pas engagée par le fait de l'édition, et que l'on peut le forcer à la publication (1).

Il faut donc soustraire l'œuvre d'art qui n'a pas été publiée à l'action des créanciers. Sans doute, comme on le fait remarquer, un artiste pourra se refuser à la publication dans le but de leur faire tort ; mais cela n'est pas un motif de décider, d'autant plus qu'on ne peut admettre que l'artiste, dont la situation de fortune est précaire, sera de ce fait obligé de sacrifier son honneur

---

(1) V. l'application des règles de la censure aux photographes et la possibilité pour ceux-ci de publier des académies. Bigeon, p. 212 et 213.

et sa réputation. On se représente d'abord fort mal cette
armée de créanciers envahissant un atelier, fouillant
dans les cartons, décrochant les esquisses du mur, le
tableau du chevalet, pour les répandre dans le public ;
il y a parmi ces œuvres des choses qui sont achevées,
au sens matériel du mot, mais que l'artiste n'a jamais
eu et ne peut avoir l'intention de publier ; il y a ses im-
pressions personnelles, ses chagrins de chaque jour,
ses affections et ses haines, toute sa vie privée notée au
crayon ou au pinceau : ces choses se vendent-elles pour
liquider une situation (1) ?

Le fait de la publication prend donc ici une importance considérable et il n'est pas inutile d'examiner en
quoi il peut consister ; outre le fait de la reproduction
dans un but commercial il consistera encore dans celui
de l'exposition publique, qu'elle soit faite dans l'atelier
de l'artiste ou bien au Salon ou bien encore à une vitrine.
Mais il ne saurait résulter de ce fait qu'une ou plusieurs
personnes auraient vu dans l'atelier de l'artiste son
ouvrage sur le chevalet, dans le carton, sous forme
d'esquisse ou de maquette. Même si l'œuvre est achevée
et figure dans l'atelier comme telle, on ne peut dire
qu'elle soit publiée : elle reste inédite, l'artiste pouvant
toujours la reprendre et la faire connaître au public
sous une forme toute autre, avec des modifications qui
en changent le caractère. Peu importent d'ailleurs les
circonstances qui accompagnent le fait de l'achèvement, peu importe qu'elle ait été vendue si elle est

(1) En sens contraire, V. Pouillet, p. 205 et suiv..

encore en la possession de l'artiste. Ce n'est que du moment où elle est livrée à l'acquéreur, exposée publiquement ou multipliée par la reproduction que l'on peut dire qu'elle cesse d'être inédite (1).

a) *Après la publication.* — Une fois que l'œuvre est publiée, elle entre dans le domaine des choses qui sont dans le commerce, elle échappe désormais à ce pouvoir absolu que l'artiste avait sur elle, elle devient saisissable comme toute œuvre de littérature ou de musique. S'il l'a livrée à un acheteur, celui-ci peut en faire ce que bon lui semble, alors même que l'artiste aurait gardé pour lui la propriété artistique. Le nouveau propriétaire ne peut jamais être soumis à aucun contrôle de l'artiste, il ne peut être obligé de lui délivrer l'ouvrage pour en faire tirer des épreuves, parce que la propriété matérielle sur le tableau où la statue est un droit exclusif et absolu. Ainsi il a été jugé qu'un architecte qui a exécuté un monument dont la place lui était désignée n'a pas le droit, à défaut de convention expresse, d'empêcher le déplacement de ce monument, sous prétexte que les conditions de lumière et d'entourage sont défavorables à son œuvre (T. c. Nice, 31 janvier 1888. Pat., 92, p. 110.)

La propriété artistique se trouve donc délimitée par la propriété matérielle appartenant à une personne autre que l'artiste. La propriété artistique que l'on peut appeler par suite, la propriété immatérielle de l'ouvrage comprend tous les droits qui ne rentrent pas dans

____

(1) Jurisprudence contraire. Trib. civ. Seine, 30 déc. 1859. Pat., 60, 69.

la propriété matérielle. Elle comprend donc des droits qui sont inaliénables, qui sont directement attachés à la personne de l'auteur qui sont le lien de filiation entre l'artiste et l'ouvrage, qui dérivent de ce fait, qu'il en restera toujours l'auteur quoi qu'il fasse, quels que soient les droits qu'il aliène. Ce sont : le droit à la signature, le droit à l'intégrité de la reproduction, sous certaines réserves, le droit d'exposition, et enfin le droit de poursuivre les contrefacteurs, que l'on verra plus loin (1).

a) *Droit à la signature.* — L'artiste a sans doute le droit de signer son ouvrage, ce droit ne lui a jamais été contesté et l'on ne trouve en la matière, que de rares décisions, dont une émanée, du Tribunal correctionnel de Lille du 11 décembre 1895 et rendue en matière d'architecture (2). Le tribunal avait à appliquer un arrêté municipal du maire de Roubaix, interdisant aux constructeurs de monuments funéraires d'inscrire leur nom autrement que par des initiales. Le tribunal, en vertu de son pouvoir d'appréciation, a estimé avec raison que le maire de Roubaix avait excédé les pouvoirs de réglementation qui lui étaient conférés par la loi (3). Si le peintre, le sculpteur, l'architecte, le photographe ont droit à l'inscription de leur signature sur

---

(1) V. chapitre V de la contrefaçon.

(2) V. également en matière d'architecture : Aix, 19 juin 1868. Pat., 68, 297. L'architecte a une action en dommages-intérêts contre le particulier qui s'oppose à l'inscription de son nom sur un édifice. En sens contraire. Trib. c. Seine, 25 nov. 1891, *Gaz. Pal.*, 92, 1, 373

(3) Pataille. 95, p. 366.

leurs œuvres, ils ont aussi le droit de faire, à propos
de cette signature, toutes les conventions et tous les
arrangements qui leur plaisent ; ils peuvent, on le
verra plus loin, ne pas signer du tout ou signer d'un
nom d'emprunt, d'un pseudonyme. Enfin un artiste peut
faire un ouvrage, et un autre y apposer sa signature
avec son consentement, on peut signer le tableau, la
statue que l'on n'a pas faits, de même que l'on peut faire
une telle œuvre et la soumettre à la signature d'un autre
artiste avec le consentement de celui-ci. Il n'y a rien là
d'illicite, au point de vue légal, et comme le répètent
à satiété tous les auteurs, l'artiste, dans ce cas, ne
relève que de sa conscience et de l'opinion publique, il
échappe à l'action de la loi. Sans parler des cas très
nombreux où les artistes en renom ont recours à ce procédé pour flatter la vanité d'un amateur ou d'une femme
du monde, ne lui laissant guère que la peine de signer,
on peut dire que dans la pratique, il y a des cas où il en
est forcément ainsi. Un artiste, par exemple, est em-
ployé dans une maison de fabrication d'objets d'art,
de meubles, de vitraux, il y élabore des compositions
qui, sous forme de *cartons*, sont reproduits à l'aide de
la matière employée, entrent comme élément dans l'ensemble du produit fabriqué ; rien d'étonnant à ce que
le patron signe cette œuvre ; l'artiste a travaillé sur ses
indications, il n'a fourni dans le résultat final qu'une
part souvent minime de travail, enfin on peut dire que
c'est le nom du maître qui répond de la valeur de l'objet,
c'est lui qui fait la réputation de ses produits.

L'artiste qui a le droit de signer ou de ne pas signer,

de mettre à la place de son nom un pseudonyme ou le nom d'une autre personne, a par suite et incontestablement le droit de maintenir l'intégrité de sa signature sur son œuvre et sur les reproductions ; ce droit est inaliénable, peu importe donc qu'il ait consenti la vente de son ouvrage, la cession de son droit de propriété : la doctrine et la jurisprudence étaient déjà en ce sens avant la loi de 1895 qui règle la matière ; cette loi qui n'a eu pour but que de favoriser les artistes n'a pu à ce point de vue diminuer leur droit (1). Le délit d'usurpation de nom a été prévu et puni par la loi du 28 juillet 1824. Mais tandis que la doctrine concluait à l'application de cette loi aux artistes (2), la jurisprudence s'y est toujours refusé obstinément, en prétendant que la loi de 1824 n'était faite que pour le nom commercial et ne s'appliquait qu'aux commerçants. D'ailleurs la doctrine ne voyait le délit d'usurpation de nom que dans le fait de signer son œuvre du nom d'une autre personne non dans celui de remplacer le nom de l'auteur par un autre, par exemple le sien ; on décidait qu'il n'y avait pas contrefaçon dans ce cas, bien que le résultat fût absolument le même que celui de la contrefaçon la plus hardie, c'est-à-dire la copie la plus servile (3). La jurisprudence qui ne voyait de délit dans aucun de ces deux faits, admettait que l'auteur avait toujours le droit de se plaindre et de faire rétablir son nom en ses lieu et

---

(1) V. Pouillet, p. 329 et 331.

(2) En ce sens : Gastambide. Rendu, n° 401 et 402. Pouillet, p. 488. Contra : Pat., 56, 328. Lyon, Caen, I, 10.

(3) V. Pouillet. p. 487.

place, et qu'il pouvait demander et obtenir des dommages-intérêts (1).

C'est cette situation qui a motivé la loi de 1895, votée le 8 novembre 1894 et promulguée le 9 février 1895. (*Journal officiel* du 12 février). Elle constituait l'art. 11 de la proposition Bardoux sur la propriété artistique et littéraire et en fut détachée par MM. Bardoux, Bozérian et Humbert, fit l'objet d'un rapport de M. Bardoux et fut votée par le Sénat dans sa séance du 16 février 1886.

Mais la proposition fut ensuite insérée dans la loi Philippon qui subit de nombreuses vicissitudes, elle fut cependant à la Chambre l'objet d'un rapport spécial de M. Julien Goujon et votée sans discussion le 8 novembre 1894.

Cette loi a pour but de réprimer le délit d'usurpation de nom en matière artistique et de lui appliquer une

______

(1) T. c. Seine, 27 juin 1871. Pataille. 71, p. 112. T. c. Seine, 26 déc. 1876, Pataille, 77, p. 106. Paris, 30 nov. 1888. Pataille, 90, p. 29. Paris, 14 janv. 1885. Pataille, 85, p. 205.

Ce dernier arrêt a été rendu dans une espèce assez curieuse. Il s'agissait d'un tableau de Trouillebert intitulé : « la Fontaine des « Gabourets » qui avait été vendu par cet artiste avec sa signature et sur lequel on avait faussement apposé celle de Corot. C'est sur la demande de Trouillebert que sa signature fut rétablie. D'après les principes il ne pouvait y avoir à l'égard de celui-ci ni usurpation de nom (puisque c'était celui de Corot qui avait été usurpé), ni contrefaçon puisque c'était l'œuvre même de l'artiste qui était mise en vente et avec son consentement. La Cour de Paris ne pouvait donc prononcer de condamnation pénale. Elle a motivé son arrêt sur l'obligation contractée par le premier acheteur de n'exposer et mettre en vente l'ouvrage que sous la signature de l'artiste, obligation qui se transmet aux acquéreurs successifs, et elle a décidé que le droit de rétablissement de la signature pouvait s'exercer au mépris de la propriété matérielle.

sanction pénale. Elle paraît rattacher directement à la propriété artistique le droit à l'intégrité de la signature puisqu'elle fait à ce point de vue une différence entre les œuvres tombées dans le domaine public et celles qui sont l'objet d'une propriété privative. Cette distinction ressort de l'art. 4 qui dispose :

« Art. 4. — La présente loi est applicable aux « œuvres non tombées dans le domaine public sans pré- « judice pour les autres de l'application de l'article 423 « du Code pénal. »

En effet la loi de 1895 prononce, lorsque l'œuvre n'est pas tombée dans le domaine public, les peines de l'art. 405 du Code pénal : l'emprisonnement d'un an au moins et de cinq ans au plus, l'amende de 3,000 fr. au plus et de 16 fr. au moins (1) (art. 1er de la loi) ; l'œuvre est-elle au contraire dans le domaine public ? la loi de 1895 se réfère purement et simplement à l'article 423 du Code pénal qui punit le délit de tromperie sur la qualité de la marchandise et prononce des peines beaucoup moins graves que l'article 405 : emprisonnement de trois mois à un an, amende de 50 francs au moins, du quart des restitutions et dommages-intérêts au plus. C'est qu'elle considère que l'atteinte faite au droit de l'auteur n'est véritablement considérable que tant que la propriété artistique est l'objet d'un droit privatif, que le droit à la signature vit avec elle et meurt avec elle ; une fois le délai expiré, il n'y a plus dans l'esprit du législateur de 1895 atteinte au droit de l'artiste, ou plus exactement de ses héritiers ; il n'y a plus que tromperie

---

(1) L'art. 405 abaisse le minimum seulement jusqu'à 30 francs.

sur la qualité de la marchandise. Quand la propriété artistique a pris fin, le lien qui rattachait l'auteur à son œuvre est rompu, le droit à la signature qui est le premier chaînon disparaît comme les autres ; s'il y a encore délit possible, c'est en droit commun, à l'égard de l'acheteur qui pourrait seul exercer la poursuite comme partie civile. D'autre part, on peut ajouter que désormais la réputation de l'artiste est solidement établie et que l'usurpation de son nom ne saurait faire tort à sa mémoire (1). Toutes choses qui ne sont plus vraies si la propriété artistique est l'objet d'un droit privatif.

La loi de 1895 prononce en outre la confiscation des objets délictueux au profit du plaignant, ou la destruction si celui-ci refuse de les recevoir. Comme l'a fait remarquer M. Julien Goujon, le rapporteur à la Chambre, cet article peut donner lieu à des difficultés, car il peut y avoir 3 plaignants, le possesseur de l'ouvrage, celui dont le nom a été usurpé, celui dont on a gratté la signature pour en mettre une autre à la place. L'article 2 établit les faits de complicité et les peines qui y sont rattachées.

« Art. 2. — Les mêmes peines (que celles de l'art. 1er)
« sont applicables à tout marchand ou commissionnaire
« qui aura recélé, mis en vente ou en circulation, les
« objets revêtus de ces noms, signatures ou signes.

L'article emploie l'expression « recèle », ce qui indique que le seul fait d'avoir en magasin des marchandises

---

(1) L'art. 4 ne figurait pas dans le projet primitif il y a donc eu volonté bien arrêtée de faire la distinction. Cette idée est critiquée par Vaunois, *Bulletin Comm. des Lois Nouvelles*, n° 14, et par Mannoury.

tombant sous le coup de la loi fait condamner le déten-
teur de mauvaise foi. Enfin l'article 5 prononce l'application de l'article 463 du Code pénal aux cas prévus par
les articles 1 et 2.

Cette loi dont l'utilité est incontestable, reconnue de
tous depuis l'affaire du faux Corot de Trouillebert, est
évidemment applicable à la propriété artistique en
général. Sans doute la photographie, l'architecture
ne sont pas nommées, mais nous avons vu qu'elles se
rangeaient toutes deux incontestablement dans la catégorie des beaux arts ; on a vu d'ailleurs que la photographie pouvait être comprise dans l'expression : dessin,
cela posé, il est difficile de lui refuser l'application de la
loi de 1895 (1).

b) *Droit à l'intégrité de la reproduction.* — Si l'artiste
a droit au respect de sa personnalité artistique, droit
qui lui est garanti par la protection légale accordée à la
signature, il a droit également au respect de son œuvre
à l'intégrité de son exécution. Ce droit est également
inaliénable et s'il y a eu cession de la propriété artistique, le cessionnaire ne peut publier l'ouvrage en y
faisant des corrections, des modifications ou des coupures ; la règle s'applique d'ailleurs à la propriété littéraire comme à toute propriété artistique.

Il importe cependant de la formuler ici avec une
précision et une énergie spéciales, car si, en matière de
propriété littéraire, il y a certains changements que
l'éditeur peut faire sans altérer le caractère de l'ouvrage.

____

(1) En ce sens : Vaunois. *Loc. citat.*

il n'en est pas de même pour la propriété artistique où les coupures et les modifications, portent une atteinte directe au caractère, à l'effet artistique. Quand je dis que ce droit est inaliénable il faut cependant faire une réserve et dire : le droit à l'intégrité de la reproduction, à sa sincérité n'est pas aliéné par l'artiste par ce fait qu'il y a eu cession de la propriété artistique, on ne peut induire du silence de l'auteur qu'il a entendu laisser l'éditeur faire ce qu'il lui plairait, transformer par exemple une grande composition en plusieurs petits tableaux et dénaturer ainsi le sens artistique que le peintre y avait attaché. Mais cette inaliénabilité n'est nullement absolue et l'artiste peut fort bien autoriser une coupure ou une modification de son œuvre qui serait nécessitée par la forme sous laquelle elle est éditée (1). Mais quel que soit le cas qui se présente, l'éditeur ne peut jamais — et c'est là la force d'application du principe d'inaliénabilité — ne peut, jamais dis-je, introduire aucune modification dans l'aspect général et à plus forte raison dans le sens artistique de l'ouvrage, sans le consentement de l'auteur (2). Le principe de la matière doit être l'effacement de sa personnalité devant celle de l'artiste, et si on lui interdit toute modification il faut pour être logique aller plus loin et lui interdire les critiques (3) :

(1 Par exemple il peut autoriser la reproduction d'un tableau, d'un dessin architectural en deux parties lorsqu'il doit être édité dans un livre ou un journal, lorsque les dimensions de la page ne permettent pas de le présenter en un seul morceau.

(2) En ce sens : Huard fils.

(3) V. Pouillet, p. 342 qui accorde cependant à l'éditeur le droit de faire les changements commandé par la force des choses (p. 339). Contra : Renouard, nᵒˢ 192 et suiv.

c'est l'artiste qui se présente au public qui encourt seul la responsabilité de son œuvre, l'éditeur n'est que l'instrument de la publication.

Après la mort de l'artiste la situation ne change pas à l'égard du reproducteur, ce sont ses héritiers continuateurs de sa personne juridique et gardiens de sa réputation qui pourront seuls autoriser les changements que l'éditeur pourrait leur proposer.

La jurisprudence reconnaît à l'auteur le droit d'autoriser les modifications (Nancy, 8 mai 1863, Pat., 63, p. 380.) [1] Elle refuse à l'auteur le droit de critiquer les illustrations d'un ouvrage. (Paris, 18 juin 1883., Pat.' 85, p. 294.) Un jugement du Tribunal de la Seine, du 29 octobre 1894 a décidé que l'éditeur est tenu d'effectuer sa reproduction sans dénaturer l'œuvre de l'artiste ni en modifier le caractère, que spécialement, il ne lui est pas permis de la sectionner en groupes fragmentaires. (Pat., 95, p. 232.) [2].

Il ne faut pas oublier ici que parmi les ouvrages du domaine de l'art il en est qu'il est impossible de reproduire sans la légende qui les accompagne, sous peine de leur enlever toute signification, il faut ajouter encore que le titre, la mention du sujet, du tableau, de la gravure, de la photographie, sont inséparables de l'œuvre elle-même. Pour que la reproduction soit vraiment

---

(1) V. la jurisprudence en matière littéraire citée par Pouillet. p. 333 a 337.

(2) V. en ce sens : Pat., 97, p. 127.

fidèle, il faut décréter que cette règle de la loyauté et de la sincérité s'applique à la légende, au titre de l'ouvrage, que le cessionnaire ne peut ni le modifier ni le supprimer. On dira si l'on veut que la propriété littéraire s'attache à cette légende, à ce titre, et qu'elle forme avec la propriété artistique un tout indivisible. On peut même dire que c'est la propriété artistique elle-même qui les protège par une sorte d'extension fictive, puisque l'on ne peut modifier la légende d'un dessin, le titre d'un tableau, d'une statue, d'une gravure, etc., sans dénaturer par là même le sens artistique de l'ouvrage.

La question est capitale en matière d'illustration, de caricature de paysage. On ne peut en dire autant de la dédicace au moins dans tous les cas : si elle est mentionnée sur l'œuvre elle-même, l'enlever ou la dissimuler dans la reproduction serait faire une modification sans droit, mais si elle n'a pas été faite sur l'ouvrage on ne peut dire réellement qu'elle en fait partie (1).

c) *Droit d'exposition*. — Le droit d'exposition appartient évidemment à l'auteur de l'œuvre c'est le moyen le plus ordinaire de mettre sous les yeux de la critique le résultat de sa conception et de son travail artistique. J'ai parlé ici du droit d'exposition parce qu'il se rattache évidemment à l'auteur plus qu'à toute

---

(1) Juge en matière littéraire qu'un éditeur n'a pas le droit sans l'autorisation de l'auteur de supprimer la dédicace ni de modifier le titre d'un ouvrage. T. comm. Seine, 16. Sep. 1858. Pat., 58, 464.

autre personne parce que c'est son consentement qui
devra être prépondérant et décider si l'œuvre doit être
livrée aux yeux du public quand elle a passé entre les
mains d'un acquéreur. Il me semble impossible d'admettre que la propriété de celui-ci aille jusqu'à pouvoir
livrer à l'appréciation de tous le tableau ou la statue qui
étaient peut-être faits pour rester l'ornement d'un appartement privé, dont l'auteur a aliéné la propriété sous
forme de donation peut-être, tout en se rendant compte
des défauts de son œuvre. Sans doute il y a beaucoup
de cas où l'on devra admettre le consentement tacite de
l'artiste par suite des circonstances de la vente, par
exemple si elle est faite à un marchand de tableaux, un
éditeur, cessionnaire de la propriété artistique : si l'auteur a consenti à la publication de ses œuvres sous la
forme quelquefois imparfaite de la reproduction, il a
cédé par là-même le droit d'exposition. Mais en dehors
de ces circonstances on ne pourrait, je le crois du moins,
décider qu'un acquéreur peut livrer aux yeux du public
un tableau, une statue, une photographie sans le consentement de l'auteur. Sans doute l'artiste ne pourra
pas non plus exposer sans le consentement de l'acquéreur, car il se heurterait à son droit de propriété, mais
il n'en est pas moins vrai qu'à moins de circonstances
spéciales il faut la réunion de deux volontés pour opé-
rer l'exhibition. On viole, dit-on, par là la propriété de
l'acquéreur et son jusutendi en particulier ; mais on
peut répondre qu'il y a ici une prééminence de la propriété artistique sur la propriété matérielle, et que l'exposition publique d'un ouvrage est moins l'exercice du
droit de propriété matérielle, qu'une mise en évidence

d'une personnalité artistique, une question posée sur sa valeur personnelle (1).

d). — *Droit de poursuivre les contrefacteurs*. — On verra plus loin que l'intérêt de la réputation de l'artiste et sa responsabilité veulent que le droit de poursuivre les contrefacteurs soit essentiellement attaché à sa personne, indépendant de sa capacité, indépendant aussi de la propriété du droit de reproduction.

e). — *Droit de répétition*. — Les droits que je viens d'énumérer plus haut sont tous plus ou moins inaliénables, et ne se trouvent pas compris dans une cession de la propriété artistique. Ceux que l'on va voir maintenant se trouvent naturellement compris dans cette cession ils sont donc en principe aliénables et l'auteur ne pourrait en retenir une partie qu'en vertu d'une convention expresse. C'est le cas de la cession partielle. Je vais donc étudier les droits de répétition, de reproduction, d'autoriser la reproduction à titre gracieux, de surveiller la reproduction.

Le droit de répétition tient en matière de propriété artistique une trop grande place dans la pratique pour que l'on puisse se dispenser d'en parler (2). La répétition consiste dans le fait de se copier soi-même, mais

---

(1) Contra Pouillet, p. 358. Il est bien évident que ce que je viens de dire de l'exposition ne saurait s'appliquer à l'exposition de la reproduction par cette double raison qu'elle constitue une propriété artistique distincte de celle de l'original, et que le droit d'exposition peut être considéré comme aliéné dès que le droit de reproduction l'a été lui-même.

(2) V. Pouillet, p. 475. Nion, p. 297. Gastambide, p. 135.

non dans celui de traiter le même sujet. En effet, l'idée,
la conception ne sont pas protégées par la loi ; ce n'est
que la composition, l'exécution qui font l'objet de la
propriété artistique. Il n'y aura donc répétition que si
l'artiste a traité le même sujet en copiant sa première
composition comme pourrait le faire un autre individu.
La répétition a de tous temps été très pratiquée et, si
l'on peut dire qu'il y a bon nombre d'artistes qui passent
leur vie à reproduire la même marine, le même paysage
ou la même figure dans un but commercial, se sentant
d'ailleurs incapables d'un nouvel effort d'imagination,
l'histoire de l'art nous apprend qu'un grand nombre de
maîtres l'ont fait dans un but d'étude, pour se perfec-
tionner dans leur manière, et triompher à la fin des
difficultés particulières à leur sujet. Je dirai en passant
que la reproduction dans un but d'étude n'est pas une
contrefaçon ; l'artiste qui a cédé sa propriété artistique
peut donc, comme tout autre, copier sa composition
dans le but d'en tirer un meilleur parti. On peut citer
à propos de répétition, les trente-sept portraits de
Charles Iᵉʳ, par Van Dyck, et la « Femme de Brigand »,
reproduite quatorze fois par Léopold Robert. Si l'on
ajoute à cela que l'artiste qui a exécuté un tableau a
fait auparavant des études fragmentaires, des croquis,
des esquisses d'ensemble, on voit que le fait de la répétition est journalier et qu'il n'est pas un artiste qui ne
l'ait pratiqué.

La répétition appartient, comme droit, à l'auteur tant
qu'il garde la propriété artistique, cela ne souffre aucun doute : c'est l'exercice de sa liberté d'action. Dès
qu'il a aliéné cette propriété, le droit de répétition est

mort pour lui ; il ne peut vendre ses esquisses, ses études sans violer le droit de celui qui a acheté la reproduction de l'œuvre (1).

Il est bien évident que pour qu'il y ait répétition il faut que l'on ait affaire à une copie, fragmentaire ou non ; le fait de reproduire le même geste, la même figure, si d'ailleurs la composition a changé, ne constitue pas une répétition ; autrement on ne saurait plus où s'arrêter, les artistes ayant tous plus ou moins de tendances à reproduire les mêmes types, les mêmes attitudes ; il y en a même qui sont incapables de se renouveler et il faudrait alors décider que les tribunaux sont compétents pour leur imposer de force un changement de manière (2).

f) *Droit de reproduction.* — Le droit de reproduction est de beaucoup le plus important, en pratique, de tous ceux qui constituent la propriété artistique. Grâce au développement des applications de la photographie et de la gravure en général, sous forme de lithographie, de zincogravure, d'eau-forte, de xilogravure, etc., les œuvres d'art, à quelque classe qu'elles appartiennent sont vulgarisées, portant au loin le nom de l'artiste, répandant son œuvre, donnant lieu souvent à des bénéfices considérables. La question devient donc de nos jours d'un intérêt capital.

On sait déjà que la loi de 1793 ne protège nullement

---

(1) Pour la répétition à l'égard de l'acquéreur d'une œuvre d'art voir plus loin.

(2) Jurisprudence conforme en matière littéraire, citée par Pouillet, p. 475, et en matière artistique : Paris, 3 mai 1872. Pat., 78, 167. T. c., Seine, 27 juillet 1883, Pat., 87, 238.

le sujet de la composition, mais la composition elle-
même. Un artiste peut prendre son sujet dans la nature,
dans l'histoire, dans les ressources de son imagination,
il n'en a pas pour cela le monopole et chacun peut le
traiter après lui. En art, a-t-on dit avec raison, le sujet ne doit jamais être séparé de la forme. Un artiste
peut toujours s'inspirer d'un tableau ou d'une œuvre
d'art quelconque ; dans ce cas, il se contente de suivre
un sentier battu au lieu d'avoir tous les mérites d'une
entière originalité, il ne relève que de l'opinion publique et de sa conscience. — « Le droit cesse, a dit
Pouillet, où la copie commence (1). » — Il résulte
réciproquement du principe de la protection de la composition que l'artiste peut emprunter son sujet au domaine public, reproduire un type courant, un sujet usé,
comme disent les artistes, son interprétation, le mérite
de la valeur de son exécution lui sont garantis par la
loi et son droit reste entier au point de vue de la reproduction. La jurisprudence n'a jamais fait de difficulté
pour l'application de ce principe : (Paris, 2 avril 1875,
Pat., 77, 73. — Paris, 12 juin 1863. Pat., 63, 232.
— Paris, 13 février 1884, Pat., 85, 7.)

Le droit de reproduction appartient au titulaire de la
propriété artistique, ce droit est exclusif : par conséquent il embrasse tous les moyens de reproductions qui
sont du domaine des beaux arts, et, comme on l'a vu dans
le chapitre précédent, les moyens de reproduction qui
se rattachent aux beaux arts ou a une branche quel-

____

(1) Pouillet, p. 545. Paris 26 oct. 1885. Pat. 90, 170.

conque des beaux arts. Le droit de reproduction va donc
de la copie faite par l'artiste le plus consommé à la reproduction industrielle faite par l'ouvrier le plus mal-
habile à l'aide de la matière la plus courante. En un
mot le droit de reproduction se complète par celui de
l'application à l'industrie. Logiquement il doit y avoir
corrélation entre le domaine de la propriété artistique
et celui du droit de reproduction, car tous les moyens
qui sont bons pour créer le sont *a fortiori* pour copier.

On a cependant mis en doute cette assertion en disant
qu'il fallait distinguer entre ce que l'on appelle les arts
plastiques et les arts délinéatoires, que le droit exclusif de reproduction d'une œuvre plastique n'existait pas
à l'égard des arts délinéatoires et réciproquement. On
a invoqué les différences d'exécution, la couleur, la
perspective ne jouant aucun rôle dans l'art plastique.
On a surtout dit que le sculpteur qui transformait le
sujet d'un tableau en un groupe statuaire sans le consentement du peintre, ne violait nullement le droit de
reproduction de celui-ci, et l'on s'est refusé à voir en lui
un contrefacteur (1). Il faut répondre que la propriété
artistique porte sur la composition, qu'au sens de la loi
il y a reproduction partout où il y a identité de composition ; il pourra y avoir reproduction sous une forme
très différente, il pourra y avoir place à une création
artistique, à un grand talent même dans cette reproduction, mais je crois avoir suffisamment dit plus haut
qu'en toute reproduction ou trouve une interprétation,

---

(1) En ce sens : Renouard, t. II, p. 88, Gastambide, p. 392, Hélie
et Chauveau, t. VI. p. 58, Calmels, p. 656, Contra : Pouillet, p. 551.
Vaunois. Thèse, p. 280.

— 85 —

un travail de traduction artistique ; il faudrait déclarer
alors qu'elle n'est jamais l'objet d'aucun droit exclusif ;
car il n'y a là qu'une question de degrés et une fois dans
cette voie il est impossible de s'arrêter. D'ailleurs on
peut ajouter que la reproduction des arts plastiques par
les arts délinéatoires est souvent le principal intérêt
du droit de propriété artistique en matière de sculpture,
et si la réciproque n'est pas toujours vraie, il y a cependant au droit de reproduction d'une œuvre de peinture par un groupe statuaire cette conséquence qu'il se
complète du droit d'empêcher cette reproduction. Donc
enfin il faut bannir cette distinction parce qu'elle arrive
à priver du droit exclusif à la reproduction, le sculpteur qui vend les épreuves photographiques de son
ouvrage, le peintre qui utilise sa composition comme
groupe statuaire ou qui, au contraire, s'oppose à ce qu'on
la transforme en sujet de pendule, déshonorant ainsi
sa reproduction. Pouillet a d'ailleurs dans cette discussion fort justement parlé du musicien qui se voit protégé contre la reproduction de sa musique par le joueur
d'orgue de Barbarie, tendant la main au passant ; l'artiste devrait-il, lui-seul, se résigner à être, contre sa
volonté, le plus bel ornement du salon bourgeois sous
forme de sujet de pendule, de candélabre, voire de
coupe-papier ?

Jurisprudence conforme en matière de reproduction
de la peinture par la sculpture : (Paris, 2 décembre
1841. Blanc, p. 287. (Il s'agissait de la reproduction
par la statuaire des scènes de la vie privée des animaux
de Grandville). — Paris, 16 février 1843. Dall. Vᵒ, Prop.
litt., nᵒ 409.)

· Jurisprudence contraire en la même matière : (Paris, 3 décembre 1831. Dall. V°, Prop. litt., n° 407. Trib. correct. Seine, 9 février 1848. Blanc, p. 287) [1].

Le droit d'application est le complément nécessaire du droit de reproduction ; l'artiste a seul le droit d'autoriser ou d'exercer la reproduction de son ouvrage sous forme de produit industriel, ce sera souvent pour lui la source d'un bénéfice considérable, parfois le but principal de son travail. Ce droit persiste d'ailleurs quelle que soit la forme du produit, son peu de valeur au point de vue intrinsèque ; et l'on peut dire aujourd'hui qu'il a une étendue illimitée, étant donné le mouvement de généralisation de l'art.

On ne peut donc accepter l'opinion de MM. Hélie et Chauveau (2), qui ne voient dans le fait de l'application l'objet d'aucun droit exclusif pour l'auteur, attendu qu'il ne crée, quand il est accompli par un tiers aucune concurrence réelle à l'œuvre d'art elle-même. Je viens de montrer que cela était faux dans une foule de cas, ensuite n'y aurait-il pas préjudice, il y a au moins un fait qui touche à la réputation de l'artiste, à la valeur esthétique de son ouvrage : or, c'est lui seul qui peut légalement disposer de cette réputation de cette valeur esthétique.

La jurisprudence a reconnu dans le sens de la théorie que je développe qu'il y avait droit exclusif : pour l'ap-

(1) En matière de reproduction de la sculpture par les arts délinéatoires, les arrêts sont moins nombreux : Paris, 22 nov. 1856 : Pat., 56, 361. Trib. civ. Seine, 16 avril 1879 : Pat., 79, 302.

(2) *Loc. cit.*

plication d'une œuvre d'art sur tapisserie et broderie
(Paris, 19 novembre 1841. Pat., 57, 312), en ameublement (Paris, 1er juin 1864. Pat., 64, 236 — Paris, 11
décembre 1857, Pat., 58, 287) ; pour la reproduction
d'une peinture sur porcelaine, émaux et camées (même
arrêt, et Paris, 7 février 1868. Pat., 68, 63) ; sur un
devant de cheminée (Paris, 26 juin 1841. *Gaz. Trib.*,
27 juin) ; sur des boîtes à bonbons (Trib. civ. Seine,
26 juillet 1861. Pat., 62, 64) ; sur éventails (Paris, 26
janvier 1887. Pat., 87, 147).

La jurisprudence s'est cependant écartée des vrais
principes à mon sens, dans un jugement du Tribunal
correctionnel de la Seine du 17 avril 1885 (1), qui a
autorisé la reproduction d'épreuves photographiques
par un tiers, dans un art différent, sans le consentement de l'auteur. Ce jugement ne contestait d'ailleurs
nullement le caractère artistique aux épreuves photographiques. Il eut donc fallu pour être logique empêcher la reproduction même par un art différent, sans le
consentement de l'auteur, et ne faire exception que si la
composition, l'ensemble ou la pose donnent à l'œuvre
de l'artiste un aspect tel que l'on puisse dire que la
photographie n'a été employée qu'à titre de document,
et non l'objet d'une copie servile. Les tribunaux qui
n'ont pas qualité pour décider que telle œuvre est artistique, telle autre non ne peuvent à plus forte raison,
selon moi, établir une hiérarchie entre les arts et permettre la reproduction sans le consentement de l'auteur.

(1) Pat., 89 p. 146.

d'une œuvre de l'art dit inférieur par l'art supérieur, alors que le contraire est prohibé.

Ce qui revient à dire en somme que, dans toute l'étendue du domaine de l'art au point de vue de la loi de 1793, le créateur d'une composition est seul maître du droit de reproduction de cet ouvrage, que cette reproduction soit faite par un moyen quelconque appartenant aux beaux arts ou s'y rattachant.

g) *Droit d'autoriser la reproduction à titre gracieux.* — Un artiste peut autoriser un photographe à tirer des épreuves de son tableau, de sa statue et à les vendre, soit dans le but de faire connaître son ouvrage, soit dans le but d'être agréable à celui qu'il favorise ainsi ; il peut encore donner la même autorisation à un journal, qui aura ainsi la primeur de son dernier ouvrage. On décide généralement et avec raison que cette autorisation, même quand elle n'est pas désintéressée, ne constitue pas une cession du droit exclusif de reproduction, permettant au cessionnaire de se dire titulaire de la propriété artistique. Elle n'empêche pas l'auteur de céder son droit. Mais une fois qu'il y a eu cession en règle de la propriété artistique (ce qui résultera des circonstances du contrat, du prix, etc.), l'artiste ne pourrait plus autoriser cette reproduction à titre gracieux, en effet, il pourrait autrement faire tort aux droits de son cessionnaire, et en multipliant ces autorisations plus ou moins désintéressées, lui enlever petit à petit ce qu'il lui avait donné en bloc. C'est en ce sens que ce droit est aliénable ; il est compris dans la cession du droit de reproduction Autrement, en effet, il est inépuisable : l'artiste qui a conservé son droit de reproduction exclusif, peut autoriser indéfiniment les reproductions par des tiers, en aussi grand nombre qu'il lui plaît, sans que jamais aucun d'eux puisse se plaindre des droits conférés aux autres.

h) *Droit de surveiller la reproduction.* — Ce droit est le corollaire et le complément nécessaire du droit de reproduction lui-même, il fait en quelque sorte corps avec lui. On a vu plus haut que l'artiste avait le droit inaliénable à l'intégrité de la reproduction, et il importe de faire à ce propos une distinction. Sans doute, malgré toute cession totale ou partielle, l'artiste a le droit d'intervenir quand il apprend que son œuvre est modifiée, corrigée, altérée, qu'on y a fait des coupures, qu'on l'a sectionnée en groupes fragmentaires : il a le droit de s'adresser aux tribunaux pour faire cesser cet état de choses. Ici, il ne s'agit plus de cela, l'artiste qui a fait cession de son droit de reproduction a aliéné le droit de la surveiller, c'est-à-dire d'autoriser ou d'empêcher tel ou tel tirage, la reproduction dans telle ou telle dimension, de faire faire les retouches. Au contraire, s'il a conservé son droit de reproduction, il est seul maître de l'édition de son œuvre, c'est à lui qu'en revient la direction. Mais si le droit de surveiller la reproduction est accessoire au droit de reproduction lui-même, l'artiste peut quand même exercer un certain contrôle, s'il se l'est réservé dans le contrat, interdire tel ou tel genre de reproduction ; les cessionnaires sont liés par cette interdiction ; l'accessoire peut être détaché ici du principal. En l'absence de toute convention à cet égard, le droit de reproduction se trouve cédé dans toute son étendue, avec toute l'initiative possible pour l'éditeur, qui peut donner libre cours à son imagination dans le domaine des arts et de leurs applications.

§ 3. — MODALITÉS DE LA PROPRIÉTÉ ARTISTIQUE.

Après avoir étudié la propriété artistique dans ses caractères essentiels, il importe, pour en tracer un tableau exact d'indiquer les modalités de cette propriété, c'est-à-dire les modifications qui pourront agir en tout ou en partie sur les différents éléments qu'elle comporte. Ces modalités résultent comme on l'a vu plus haut, de circonstances de fait qui modifient le phénomène de la création artistique, par suite, elles agissent directement sur le caractère de la propriété qui résulte de cette création. Ce sont principalement celles résultant du portrait, de l'illustration, de la collaboration, du fait que l'ouvrage est anonyme, pseudonyme ou posthume.

a) *Portrait.* — On a dit que le portrait était l'image voulue d'une personnalité. Cette formule, un peu vague peut-être, est en somme la seule qui puisse résumer la différence essentielle qui sépare un tableau de genre d'un portrait. Le portrait est bien plutôt dans l'intention le but recherché par l'artiste qui l'a exécuté que dans l'identité, la ressemblance physique qu'il peut présenter avec telle ou telle personne vivante, on dira donc qu'on se trouve en face d'un portrait s'il résulte nettement que l'artiste a voulu non seulement reproduire les traits d'une personne quelconque, mais mettre en évidence, prendre pour objet principal de sa composition la physionomie de cette personne, en réaliser dans son exécution une interprétation plus ou moins complète. Peu importe donc le titre donné par l'artiste à son ouvrage, s'il résulte de l'examen de son tableau, son buste ou sa statue qu'il constitue un portrait.

Quand un artiste exécute le portrait d'une personne il semblerait qu'il doit avoir les mêmes droits que sur une œuvre artistique ordinaire. Il n'en est rien cependant et le droit d'exposition ainsi que le droit de reproduction se trouvent paralysés. On admet en général qu'une personne ne peut voir son portrait affiché ou reproduit malgré sa volonté. Dans nos mœurs actuelles, on admet que chacun est le seul juge de l'opportunité qu'il peut y avoir à laisser publier son portrait, que c'est là une question de convenance mondaine qui touche à la vie privée de l'individu, On a même voulu rattacher cette idée fort juste d'ailleurs à un principe, une règle de droit ; on a parlé du droit inviolable qu'a tout individu de disposer de sa personne, on a prononcé de bien grands mots à propos d'une chose insignifiante : on peut dire simplement que tout individu est libre de livrer sa personnalité, sous forme d'image plus ou moins artistique, aux yeux de tous et peut-être aux quolibets de la foule, ou de la renfermer dans un album de famille, dans une galerie de tableaux. Sans vouloir critiquer au point de vue légal le droit de la personne représentée de s'opposer à l'exhibition ou à la publication de son portrait, on peut dire que c'est moins cette personnalité elle-même qui est livrée aux regards du public, que le talent, la composition, l'interprétation de l'artiste qui sont soumis à la critique par le fait de l'exposition ou de la reproduction.

La jurisprudence ne fait aucune difficulté pour interdire à l'artiste l'exposition et la publication sans le consentement de la personne. Elle admet toutefois que ces deux faits n'ont en eux-mêmes rien d'illicite, et que l'artiste ne peut être de ce fait condamné à des dommages-intérêts. Mais elle admet, avec raison, que ce droit de la personne est imprescriptible, qu'il n'y a jamais consentement tacite irrévocable et qu'elle peut à tout moment se refuser à l'exposition ou à la reproduction, bien qu'elle l'ait laissée se produire pendant longtemps par négligence ou ignorance de son droit (Trib. civ., Seine, 11 avril 1855. P. 60. 167., Paris, 16 janv. 1829. Blanc, p. 254. Paris, 21 mai 1840. Blanc, p. 254. Paris, 21 avril 1833. Gastambide, p. 282 ; Paris, 15 janv. 1829. Gastambide, p. 283 ; Paris, 21 mai 1867. Sir., 68, 2, 41 ; Paris, 10 mai 1884. Pat., 85, p. 255 ; Trib. civ., Seine, 30 avril 1896. Pat., 97, p. 137.)

Il en est ainsi, dit la jurisprudence même si la personne fait appel par sa profession au jugement du public (1) [Paris, 8 juill. 1887. Pat., 88, p. 287 ; Trib. civ. 3 janv. 1891. Pat., 93, p. 243).

La jurisprudence va même plus loin, et elle admet,

(1 Il s'agissait dans l'espèce d'un portrait photographique de Nadar, représentant Mlle Bonnet, du Palais-Royal, et reproduit comme réclame par la Société des Biscuits Olibet (Pat., 93, p. 246.)

à tort selon moi, que l'on peut empêcher l'exhibition d'une œuvre où l'on n'est pas reconnaissable par la figure, mais par d'autres signes distinctifs. Il y a beaucoup de cas sans doute où la personne pourra être reconnue de tous, mais on ne peut poser en principe que tout signe distinctif noté par l'artiste sur un de ses personnages équivale à un portrait. Le principe de la matière est la propriété artistique au profit de l'auteur, on ne peut lui faire exception que si l'on se trouve en face d'un véritable portrait, c'est-à-dire au point de vue du droit, l'image voulue d'une personnalité: dira-t-on qu'un personnage vu de dos dans une composition dont il n'est pas l'objet principal, constitue l'image d'une personnalité parce que certaines personnes le reconnaitraient? Il faudrait dire alors froidement que la forme d'un chapeau, la coupe d'une redingote est l'image d'une personnalité (Trib. civ. d'Alais, 19 juin 1895. Pat., 96, p. 43) [1].

Cette question du portrait a une importance particulière de nos jours si l'on considère le nombre de photographies qui sont tirées par les professionnels et les amateurs et la multiplicité qui résulte de la production.

« Les photographes de profession, dit Bigeon (2) sont

---

(1) Jugé que le portrait d'un malade dans une clinique constituait de son vivant une violation du secret professionnel. Bordeaux, 5, juillet 1893. Pat., 97, p. 107.

V. aussi sur le droit de la personne de s'opposer à la reproduction de son portrait : Paris, 8 juillet 1887. D p. 88, 2, 180. Trib. civ. Seine, 31 déc. 1896. Pat., 97, p. 142.

(2) Bigeon : *La photographie et le droit*, p. 152.

par amour-propre légitime, soit par rouerie de métier, se plaisent à étaler leurs produits aux vitrines de leurs magasins, en particulier les figures d'une célébrité contemporaine, d'un personnage illustre, d'une jolie femme, ce qui procure un certain plaisir vaniteux à ceux qui se voient ainsi exposés. »

L'application de la règle est donc importante et les photographes qui vendent des épreuves qui n'ont pas été retirées par leurs clients, s'exposent à des poursuites de la part de ceux-ci, surtout s'ils les cèdent, comme cela est arrivé, à des marchands de bonne aventure qui en feront « le portrait de la personne qui vous aime. » — Le portrait d'une personne sur son lit de mort ne peut être non plus publié, ni exposé sans le consentement de ses héritiers à qui il appartient de veiller sur sa mémoire — (Trib. civ., Seine, 16 juin 1858, D. p. 58, 3, 62,) il en est de même de celui de la personne décédée quand il a été fait de son vivant.

On s'est souvent basé sur cette règle pour dire qu'en principe la propriété artistique d'un portrait n'apparte-nait pas à l'auteur mais à la personne représentée, et l'on a de ce chef autorisé celle-ci à faire faire des repro-ductions de son portrait par un autre artiste. Il y a des publications qui ont pour but d'établir un annuaire illustré d'un département, et dont les auteurs ont pro-posé aux fonctionnaires et aux notables de cette région de publier leur portrait. On ne saurait admettre que cette publication pourrait être faite malgré l'opposition de l'artiste auteur du portrait. Il est faux de dire, que la propriété artistique appartient à la personne repré-sentée de préférence à l'auteur ; le portrait est une œuvre d'art, la propriété artistique en appartient à l'auteur. Pourquoi sacrifier ses droits alors que l'on veille avec tant de sollicitude sur ceux du sujet ? Sans doute la propriété artistique ne peut s'exercer qu'avec le consentement de la personne représentée, sans lequel elle reste un titre nu entre les mains de l'auteur : mais il faut pour être vrai, ajouter que le consentement de la personne représentée n'est dans ce cas que l'accessoire, le complément nécessaire de l'initiative prise par l'artiste(1).

La jurisprudence est en sens contraire ; mais on verra plus loin que son opinion sur ce point est subordonnée au principe qu'elle a adopté au sujet de l'étendue de la cession en matière artistique (Paris, 15 janv. 1864. D. p. 65, 1, 318. Trib. civ., Seine, 4 avril 1884. *Gaz. Pal. Supplément*. 74.

Dans cette opinion on tire argument du fait que l'exécution d'un portrait est l'objet d'une commande de la part de la personne représentée, et l'on a dit que dans ce cas comme dans toute commande, la propriété n'appartenait pas à l'auteur mais bien à celui qui a fait cette commande et que l'on appelle pompeusement le maître de l'ouvrage.

On verra plus loin ce qu'il faut penser de cette idée, pour le moment il m'est permis de reconnaître que dans le portrait comme dans toute œuvre d'art, la propriété doit rester à l'auteur de l'ouvrage, en réservant le droit de la personne, d'empêcher l'exposition ou la reproduction.

Ces principes s'appliquent évidemment au portrait humoristique par suite d'une raison *a fortiori :* le por-

____

(1) V. en sens contraire le discours de l'avocat impérial, M. Thomas, devant le Tribunal de la Seine. Pat., 63, 401. Bigeon : *La photographie et le droit*, p. 163.

trait humoristique est l'image voulue d'une personnalité présentée sous un certain jour qui n'est pas souvent favorable au sujet.

b) *Illustration*. — Le dessin fait pour l'illustration est spécialement destiné par sa nature à être reproduit et reproduit dans un texte dont il est l'interprétation dans le domaine de l'art. Il résultera de ce fait que le droit de reproduction est l'essence même, la destination de l'illustration, que cette reproduction ne peut-être faite, à moins de consentement de l'auteur, que dans le texte duquel l'œuvre est inspirée. Ici encore il serait faux de dire que la propriété n'appartient pas à l'auteur des illustrations de lui refuser le droit de tirer parti de ses dessins en dehors de l'édition de l'ouvrage s'il n'y a pas eu cession entière ; il faut au contraire décider que l'artiste reste propriétaire des dessins (au point de vue de la propriété matérielle) s'il n'y a pas eu vente à l'éditeur, qu'il reste propriétaire du droit de reproduction s'il n'y a pas eu cession entière. L'artiste qui travaille pour un éditeur ne peut à moins de circonstances particulières, être considéré comme ayant aliéné la propriété matérielle et la totalité de la propriété artistique. C'est le droit de reproduction de ses dessins dans l'ouvrage qui a été abandonné et rien de plus (1).

____

(1) Jugé en ce sens que l'éditeur d'un ouvrage illustré ne saurait valablement en l'absence de toute convention écrite revendiquer la propriété des dessins originaux qui ont servi à l'illustration lorsque ceux-ci sont demeurés en la possession de l'artiste après la publication de l'ouvrage. Trib. civ. Seine, 6 avril 1892. Pat., 93, p. 122. Jugé que l'éditeur ne peut être contraint par l'auteur d'un ouvrage de publier une note de celui-ci critiquant les illustrations : Paris, 18 juin 1883. Pat., 85, p. 294.

C'est d'ailleurs l'examen des faits et celui du contrat qui conduira à décider si l'artiste a entendu abandonner en même temps la propriété matérielle et la propriété artistique, ou bien retenir en même temps la première et une partie de la seconde. L'importance du prix comparé à la valeur des dessins, en tenant compte de la réputation de l'artiste ; la nature des rapports ordinaires et le sens général des conventions, passées dans d'autres cas entre l'artiste et l'auteur, ou l'artiste et l'éditeur seront autant d'éléments d'interprétation des volontés.

Remarque. — On a vu plus haut, que certains auteurs avaient refusé à l'auteur d'un portrait la propriété artistique en disant que le portrait était l'objet d'une commande et que dans la commande le droit de propriété artistique ne peut appartenir qu'au maître de l'ouvrage. On pourrait en dire autant de l'illustration et il importe de répondre à cette objection.

On a beaucoup exagéré le caractère de la commande, et la jurisprudence est loin d'être étrangère à cette tendance. La commande est essentiellement le contrat par lequel une personne fait faire sur ses indications et sous sa direction un certain travail dont elle accepte la responsabilité, dont elle est censée l'auteur. En partant de cette idée on ne peut voir dans le fait de poser devant un artiste pour son portrait, de demander à un autre des illustrations pour un ouvrage, un contrat de commande. C'est en effet l'artiste qui est seul responsable de la valeur de son ouvrage, c'est d'après sa conception artistique qu'il travaille et non d'après les indications d'autrui.

7

Dans le cas du portrait comme dans celui de l'illustration on ne lui fournit que le sujet ; comment accorder dès lors le bénéfice de la loi de 1793 à celui duquel provient le seul élément qui ne soit pas protégé par cette loi ? N'est-il pas plus juste de dire qu'il y a là une vente de chose future, d'ailleurs parfaitement valable, au point de vue de la loi ? Mais, diront les partisans de l'opinion opposée, il y aura toujours vente future, toujours obligation de faire, donc il est plus naturel de rattacher ce fait à l'idée de mandat, de louage d'industrie qu'à l'idée de vente. On peut répondre que la chose est nécessairement une chose future ; celui qui veut acheter son portrait ne peut faire autrement que d'aller poser dans l'atelier de l'artiste ou du photographe, celui qui veut acheter des dessins qui soient la reproduction des scènes d'un ouvrage, est obligé par la force des choses, d'en soumettre le texte à l'artiste. Sans doute, un contrat intervient, mais c'est une précaution que prend l'artiste, c'est une promesse d'acheter de la part du sujet, à laquelle répond une promesse de vendre. Si dans le langage usuel on parle de commande, ce n'en est pas moins un terme inexact, la preuve en est que les règles du louage d'industrie, du mandat se trouvent pour la plupart dénuées de sens en la matière.

Il n'y a qu'un seul cas où il peut y avoir réellement commande c'est celui où l'artiste a travaillé sous la direction d'une personne qui accepte la responsabilité de l'œuvre qui en est l'auteur aux yeux du public qui la signe sans d'ailleurs y avoir participé. C'est ce qui arrive notamment pour les photographes qui travaillent sous la direction d'un patron qui est réputé auteur des

produits qui sortent de son atelier, par les artistes attachés à une maison de fabrication de produits qui sont
des applications de l'art à l'industrie, tels que des
meubles où il entrera de la sculpture et de la mosaïque,
des vitraux, des statuettes ou objets d'art pour lesquels
le travail du sculpteur se complète de celui du peintre.
Cela est d'ailleurs très juste : c'est celui qui dirige le
travail qui doit être réputé l'auteur de la composition
et l'artiste qu'il emploie pour contribuer à telle ou telle
partie du résultat à obtenir, peut fort bien ignorer quel
est le résultat de son travail, quel sera l'objet auquel
il aura travaillé.

Les conséquences de l'opinion que je viens d'adopter
sont l'une positive, l'attribution à l'auteur apparent,
au signataire de l'œuvre artistique du droit de reproduction, l'autre négative, le refus de toute propriété
artistique au sujet d'un portrait à l'éditeur ou à l'auteur d'un écrit, en faisant exception pour le droit de
reproduction dans l'ouvrage lui-même (1).

c) *Collaboration.* — La collaboration est, d'une façon
générale, le fait de la création d'une œuvre unique par
plusieurs personnes à la fois. En matière artistique,
comme dans la littérature, les arts dramatiques et la

____

(2) Pouillet, p. 143. En sens contraire : Pataille, 67, 176. Paris,
16 mars 1876. Pat., 76, p. 103, Il s'agissait de la commande faite par
un industriel a un artiste d'un dessin servant de marque de fabrique.
Peut-être dans le cas particulier pouvait-on décider que la propriété
artistique du graveur se trouvait paralysée et qu'il avait été de l'intention probable des parties que celui-ci renonce à toute reproduction
étant donné que son œuvre devait servir de marque de fabrique et
être par conséquent l'objet d'un droit spécial. V. également ment Paris,
28 juillet 1891. Pat., 94, p. 51.

musique, ce fait de la création d'une œuvre unique entraîne la conséquence juridique de l'indivisibilité de l'ouvrage. Les auteurs, artistes, écrivains ou musiciens qui y ont contribué devront s'entendre pour exercer leur droit de reproduction, car si la collaboration entraîne l'indivision, c'est une indivision d'une nature spéciale, à laquelle on ne peut appliquer l'article 815 du Code civil : elle s'applique en effet à une propriété qui, on l'a vu, comprend des droits, renferme des attributs que l'on ne peut liciter, on ne peut aliéner le droit de se dire l'auteur d'un ouvrage, son droit à la signature ni sa responsabilité à l'égard du public.

La règle de l'indivision résultant de la collaboration s'applique évidemment en principe à la propriété artistique dans les arts du dessin et, pour étudier cette application, il n'est pas superflu de recourir à une distinction.

Les collaborateurs d'un ouvrage peuvent appartenir à une même branche de l'art ; ce seront deux sculpteurs, deux peintres, deux architectes, deux photographes, etc., ou bien à deux branches différentes de l'art : un peintre qui aura collaboré avec un sculpteur, un sculpteur avec un architecte.

Dans une même branche de l'art, en premier lieu, la collaboration peut présenter des aspects et des degrés très différents : il y aura, par exemple, collaboration entre deux peintres qui auront travaillé tous deux sur toutes les parties d'un tableau au point de vue du dessin, de la composition, de la couleur, comme il peut y avoir collaboration si le dessin a été fait exclusivement par un seul ; l'un d'eux peut n'avoir traité que des détails, tandis que l'autre est l'auteur de la plus grande partie de l'ouvrage ; il n'en est pas moins le collaborateur de celui-ci. La collaboration est le fait de deux talents qui se complètent ou se juxtaposent pour la création d'une œuvre d'art. Il y aura encore collaboration si l'un des deux artistes a travaillé d'après un principe et l'autre d'après un principe différent ; l'un a interprété la nature dans certaines parties dans le sens peinture, l'autre y a ajouté un ensemble traité dans le sens décoration, faisant corps avec le travail du premier.

La règle de l'indivisibilité qui, dans cette matière, résulte de la force des choses, s'applique dans toute sa rigueur ; le droit de reproduction ne peut être exercé que par les deux artistes à la fois. Sans doute, ils pourraient par impossible morceler leur ouvrage et exercer leur droit de reproduction chacun sur sa partie ; mais, dans cette opération, ils ne se feraient qu'une cession réciproque ; cette attribution particulière n'empêche pas chacun d'eux d'avoir sur une quelconque des parties un droit indivis dont il demeure le titulaire malgré tout, c'est le droit de se dire auteur, de maintenir ou faire rétablir sa signature et de poursuivre les contrefacteurs. La collaboration n'est pas un contrat, c'est un état de choses, un fait accompli, et si une convention peut anéantir le résultat d'un contrat, elle est impuissante à effacer le fait accompli.

Quand les collaborateurs sont des artistes appartenant à des différentes branches de l'art, on ne peut plus dire qu'il y ait toujours indivisibilité forcée résultant de l'état de choses. En effet le travail de chacun s'exerce dans un domaine différent, souvent sur une matière différente. Ainsi le sculpteur qui collabore avec l'architecte pour un tombeau et représente des figures allégoriques ou la figure de la personne défunte, complète le travail de l'architecte qui a construit le monument, son œuvre ne fait pas corps avec celle de l'architecte, on peut à première vue faire la part du travail de chacun. Aussi j'admettrai qu'en cas de désaccord au point de vue de la reproduction, les tribunaux pourraient autoriser chacun à exercer séparément son droit sur son ouvrage et prononcer la division de la propriété artistique. En effet si l'œuvre en elle-même forme un tout, une unité, au point de vue de la propriété artistique, la partie due au sculpteur a ses qualités propres son effet spécial, de même que celle qui est due à l'architecte ; la part du travail de chacun peut être nettement déterminée, point n'est besoin de l'œuvre du sculpteur pour l'appréciation de celle de l'architecte et réciproquement. Au point de vue de la reproduction on peut donc séparer le travail du sculpteur de celui de l'architecte, la preuve en est que l'on peut copier les deux séparément. Il y a par exemple dans le commerce des reproductions de la statue du Courage, de la Charité représentés sur le tombeau du général Lamoricière. Au point de vue matériel ces statues forment avec le tombeau un tout unique, on ne comprendrait pas en effet le sens que pourrait avoir ces deux ouvrages exposés simplement à l'endroit où le général est enterré : l'effet serait incomplet. Celui qui achète une reproduction n'en demande pas tant, il veut avoir simplement

une idée d'un travail artistique en lui-même, se rendre
compte des qualités d'un ouvrage qui l'a séduit au premier abord (1).

Le peintre peut collaborer avec le sculpteur ; il y a
des statues teintées ou peintes ; dans ce cas, au point
de vue matériel comme au point de vue de la reproduction, la séparation ne peut guère être faite, et l'on re-
tombe forcément dans la règle générale de l'indivision
forcée. Sans doute, le travail de chacun peut être nettement déterminé mais ce n'est qu'au moyen d'une abs-
traction dans l'esprit du spectateur ; elle ne peut se
réaliser dans la reproduction au moins d'une façon générale ; autrement on altérerait le caractère et l'effet de
l'ouvrage original.

Le peintre peut aussi collaborer avec l'architecte
pour l'ornementation d'un édifice, en effet cette collaboration sera parfois nécessaire dans l'intérêt de l'har-
monie, de l'exactitude, du style ; le peintre sera obligé
de s'entendre avec l'architecte pour les dimensions s'il
s'agit d'une fresque, pour tous les tons généraux de sa
composition, pour la reconstitution historique, pour le
style et le principe général de décoration à adopter, qui
devra se retrouver dans la peinture comme dans les

----

(1) Un jugement du Tribunal civil de la Seine du 4 nov. 1887, a
décidé qu'il fallait considérer comme collaborateurs, ayant un droit
égal à l'indemnité que l'un d'eux pouvait obtenir à ce titre, l'architecte et le sculpteur qui ont conçu ensemble le projet de doter la
France de nécropoles monumentales analogues aux Campi Santi
italiens. Un projet de ce genre suivi de pourparlers, travaux préparatoires, ne donne pas lieu à une association véritable alors que
l'accord n'a pas été constaté conformément à l'art. 1834. Code civil
(Pat., p. 88, 319).

lignes générales de l'édifice. Le sculpteur peut lui aussi entrer dans la combinaison et les mêmes règles s'appliquent, faisant de lui, comme du peintre et de l'architecte, un collaborateur. Ici comme au cas de collaboration entre sculpteur et architecte, on dira ; il y a unité au point de vue matériel, il n'y a pas forcément indivisibilité au point de vue de la propriété artistique et de la reproduction.

Ce sont là les principaux cas de collaboration artistique, ce sont à peu de chose près les seuls : car il importe d'ajouter que la collaboration, étant un fait de création dans le domaine de l'art, ne peut se produire qu'entre deux individus qui ont même qualité au point de vue de la création ; ainsi il n'y a jamais collaboration entre un artiste et celui qui dirige la reproduction, entre un architecte et un sculpteur qui fait une copie pour compléter le travail du premier. Je dirai de même qu'il n'y a pas collaboration, entre un artiste et un machiniste qui par l'ensemble et le fonctionnement de ses appareils contribuera à l'effet artistique que celui-là voulait atteindre (1). Comme seconde conséquence du principe de la collaboration, on dira : la création est nécessaire ;

____

(1) Par exemple il y avait à l'exposition de Bruxelles, un panorama dit Panorama du Mont-Blanc dans lequel un artiste avait figuré autour du spectateur un groupe montagneux ; une habile disposition faisait que l'ascenseur où étaient les spectateurs montait pendant que le décor descendait, ce décor était d'ailleurs fractionné et mu de telle façon qu'à chaque moment des horizons nouveaux s'ouvraient sur la montagne, Le machiniste avait sans doute contribué à l'effet produit mais il ne pouvait être qualifié de collaborateur. V. également le fait cité par Vaunois. Thèse, p, 241 et 242.

par conséquent, si une personne qui a dirigé un travail et le signe, en est l'auteur au point de vue de la loi, en vertu des règles de la commande, tout ceux qu'elle a employés se voient nécessairement refuser en même temps que la propriété artistique, la qualité de collaborateurs. Le peintre qui a fait un carton de mosaïque sur bois et le sculpteur qui a ajouté au meuble des sculptures dues à son travail, à sa conception, ne sont pas collaborateurs s'ils ont travaillé sous la direction d'un patron qui signe le produit sorti de leurs mains. La commande et la collaboration sont donc deux idées incompatibles en elles-mêmes par ce que la première est l'absorption totale de la propriété artistique, la seconde en établit la communauté entre plusieurs personnes. La théorie que l'on a vu précédemment refuser à l'illustrateur, à l'auteur d'un portrait la propriété artistique en vertu de la commande, aboutit encore, à mon sens, à décider que les auteurs d'un portrait, d'illustrations d'un même ouvrage ne sont pas au point de vue de la loi des collaborateurs.

Les conséquences de la règle d'indivisibilité de la collaboration s'appliquent sauf l'exception que j'ai signalée, à la propriété artistique comme à toute autre propriété intellectuelle. Elles sont relatives on l'a vu au droit d'exposition, au droit de reproduction ; on verra plus loin quels sont les droits des collaborateurs au point de vue de la cession et si l'un deux peut à lui seul disposer de la totalité de l'ouvrage. Enfin la collaboration a été le motif d'une difficulté qui s'est élevée à propos des opéras et qui peut d'ailleurs aussi bien se présenter en matière artistique. Le droit privatif ne prend pas fin en même temps pour les deux collaborateurs, et l'on se demande quelle est la situation réciproque des héritiers dont le droit est éteint et de ceux dont le droit subsiste. Sans entrer dans une discussion qui n'est pas de mon sujet, je dirai seulement qu'il faut appliquer le principe de l'indivisibilité en repoussant de ce chef tout partage entre les héritiers qui conservent leur droit et le domaine public ; la totalité du droit doit leur appartenir (1).

d) *Ouvrage anonyme ou dû à une collectivité.* — L'artiste qui garde l'anonyme pour une raison d'opportunité ou de convenance n'en a pas moins la propriété artistique de son ouvrage. Mais il ne peut en exercer les droits puisqu'il ne s'est pas fait connaître ; cependant son cessionnaire pourra les exercer à sa place, il pourra poursuivre les contrefacteurs par exemple. Dès que l'artiste qui avait gardé l'incognito, juge à propos de s'en dépouiller, il reprend tous ses droits : la règle générale s'applique sans difficultés à la propriété artistique.

Mais l'ouvrage au lieu d'être anonyme, au lieu d'être fait en collaboration peut être l'œuvre d'une collectivité, le résultat du travail d'un groupe d'artistes ou de fonctionnaires appartenant à une même catégorie et dans les fonctions desquels rentre ce travail. Il n'y a pas dans ce cas de collaboration possible parce qu'il est interdit

---

(1) Pouillet, p. 126 et suiv., p, 159 et suiv. Jugé que le fait de réclamer la qualité de collaborateur est un droit exclusivement attaché à la personne et ne peut être exercé en vertu de l'article 1166, par les créanciers. Trib. civ. Seine, 11 août 1896. Pat., 97, p. 75. Chaque collaborateur à droit à la signature, même s'il n'a pas rempli ses engagements. La collaboration est un fait, on ne saurait lui appliquer les règles d'un contrat. Trib. civ. Seine, 12 fév. 1897. Pat., *loc. cit.*

a chacun d'eux de se livrer à sa fantaisie personnelle et de traiter le sujet à sa façon, c'est ce qui arrivera par exemple pour un travail fait par une Académie, par un groupe d'officiers. Cela s'appliquera évidemment à la carte d'état-major et aux cartes marines : on a vu en effet que la protection de la loi de 1793 s'applique aux cartes et aux plans qui constituent par eux-mêmes des dessins au sens de la loi. Or la carte d'état-major, les cartes marines sont faites par un groupe de fonctionnaires choisis, sur les indications du gouvernement, à l'échelle du 80 000me fixée par lui, avec les différents signes conventionnels qu'il a résolu d'adopter ; la part de chacun est tracée par lui, les différents officiers employés à la carte d'état-major n'ont pas à s'entendre entre eux ; le travail est donc fait d'après les indications et sous la direction du gouvernemont. Il y a commande ; c'est à lui que revient la propriété artistique. Vainement dira-t-on avec Pataille, que c'est établir un droit perpétuel de propriété puisque la vie d'une personne morale est perpétuelle ; que ce droit de perpétuité n'est pas dans la loi de 1793 et que dès lors l'Etat ne saurait être déclaré auteur. D'ailleurs, dit le même Pataille, l'Etat a pris soin d'édicter des interdictions pour les cartes marines et le Codex pharmaceutique ; « il en résulte qu'il ne se trouvait « pas suffisamment protégé par son prétendu droit per-« pétuel de propriété. » Ce système est évidemment faux : la carte d'état-major et les cartes marines ne peuvent être raisonnablement considérées que comme étant l'œuvre de l'Etat, autrement il faudrait y voir une quantité de parties distinctes dont chacune aurait un auteur particulier qui d'ailleurs n'a travaillé que sur commande. On se voit donc obligé pour ne pas se brouiller complètement avec la logique des principes de décider, que le droit de propriété artistique portant sur l'œuvre d'une société, de l'Etat par exemple, est un droit perpétuel, et que la propriété appartient uniquement à elle (1) [Pat. 77. 135].

L'œuvre d'une société, qui est la réunion de plusieurs créations artistiques, donne lieu à la propriété artistique à son profit, il en est de même pour toute personne, et cette règle n'est nullement un privilège pour les personnes morales. Le fait de coordonner, d'exposer d'une façon neuve et originale des reproductions d'œuvres artistiques, crée au profit de celui qui a fait cette compilation une propriété artistique. Il n'empêchera pas certainement une autre personne de reproduire les mêmes œuvres, en réservant le droit des auteurs, mais il a le droit de s'opposer à ce qu'on les présente sous le même aspect et dans le même ordre ; et si les auteurs des dessins ont travaillé sur ses indications dans un but qui lui était personnel, sous sa direction, la propriété artistique qui s'attachait à sa composition, son arrangement se double de celle qui est reconnue à chaque dessin en particulier.

La jurisprudence reconnaît que les compilations peuvent donner lieu à la propriété artistique.

Rej. 1er août 1850. Dall., p. 50, 5, 393 ; Paris 17, nov. 1885. Pat., 86, 37 (2).

En sens contraire. (Paris 5 mai 1885. Pat., 85, 19.)

----

(1) En ce sens. Gastambide, 82. Renouard, t. 2, p. 229.

(2) Il s'agissait de jeux de patience destinés à faciliter l'étude de la géographie aux enfants.

Elle décide que les dessins auxquels elle ne reconnaît pas le caractère artistique ne peuvent, une fois réunis en un album, constituer une compilation protégée par la loi de 1791. C'est la conséquence naturelle de sa théorie. (Rouen 18 janv. 1892. Pat., 94, page 40.)

e) *Œuvres pseudonymes*. — Un artiste peut au lieu de ne pas signer ou de mettre son nom véritable au bas de son ouvrage, y placer un pseudonyme, un nom d'emprunt. Mais ce n'est là pour la plupart des auteurs qu'un voile très transparent, derrière lequel se cache à peine la véritable personnalité de l'artiste. On peut dire en somme que l'apposition d'un pseudonyme comme signature sur une œuvre d'art crée la plupart du temps au profit de l'artiste les mêmes droits que la signature de son nom véritable. Les individus qui ont intérêt à connaître le véritable titulaire du droit sont parfaitement renseignés sur la signification des pseudonymes et l'on peut dire qu'en fait, ils savent toujours quel est l'auteur d'une œuvre qu'ils reproduisent, quelle est l'étendue des droits qui lui appartiennent, et s'il en a fait une cession totale ou partielle.

f) *Œuvres posthumes*. — On s'accorde en général dans la doctrine à reconnaître que le décret du 1er germinal an XIII ne s'applique pas aux œuvres d'art. En effet les termes de ce décret, aussi bien que ceux du préambule, ne peuvent s'appliquer qu'à la propriété littéraire.

Le préambule dit en effet : « Vu les lois sur les propriétés littéraires... considérant que l'ouvrage inédit est comme l'ouvrage qui n'existe pas.... » ; plus loin, il parle de réimpression, expression évidemment impropre à la propriété artistique. Le décret lui-même ne vise que la propriété littéraire : « Les propriétaires par « succession ou à autre titre d'un *ouvrage posthume* ont « les mêmes droits que *l'auteur,* et les dispositions des « lois sur la propriété exclusive des auteurs et sur sa « durée leur sont applicables, toutefois à la charge « d'*imprimer* séparément les œuvres posthumes, et sans « les joindre à une *nouvelle édition des ouvrages déjà* « *publiés* et devenus propriété publique » (1).

Ce décret, comme on le voit, vise surtout la publication par le fait de l'impression, il ne parle même pas de reproduction, ce qui prouve bien qu'il n'a eu en vue que la propriété littéraire et nullement la propriété artistique. Il ne parle pas davantage de l'exposition qui est nécessairement un fait de publication. Enfin, il y a une opinion très juste en doctrine qui veut que l'œuvre d'art qui est restée sur le chevalet peut passer pour achevée, entre dans le commerce dès que l'artiste a été surpris dans son travail par la maladie et la mort. J'ai dit au commencement de ce chapitre, que l'œuvre ne pouvait être considérée comme achevée, comme éditée et soustraite au droit absolu de l'artiste que par le fait de l'exposition, mais il faut pour être juste ajouter ici que si l'exposition soustrait l'œuvre au droit absolu de l'artiste, la mort produit à cet égard un effet beaucoup plus brutal. Le droit absolu de l'artiste était basé sur le fait de la retouche toujours imminente, de la reprise du travail toujours possible : la mort vient d'y mettre son *reto*.

Ce fait de la publication de droit par suite de la mort

____

(8) Collet et le Senne : *Etude sur la propriété des œuvres posthumes,* 1879, 2ᵉ partie.

de l'auteur n'est, d'ailleurs, de nature à porter aucun préjudice à la réputation de l'artiste, c'est au moment de sa mort que cette réputation s'affirme, que ses contemporains se croient obligés d'exprimer sur lui une opinion ; la publication d'un ouvrage qu'il aurait peut-être repris ensuite ne peut nuire à sa mémoire, d'autant plus qu'elle sera toujours faite avec la mention « œuvre posthume » ou toute autre analogue.

D'ailleurs, en parlant d'une façon plus juridique, on peut dire que le fait de la publication, contemporain de la mort de l'artiste, aura été censé accompli par lui, et que la propriété artistique, le droit de reproduction sont nés en sa personne, y ont résidé, ne fut-ce qu'un instant de raison.

Il y a d'ailleurs beaucoup d'œuvres comme les œuvres d'architecture, qui ne seraient presque jamais inédites au moment de la mort. Un monument qui est exposé aux yeux de tous ne peut jamais passer pour une œuvre inédite. Pour les autres branches de l'art et notamment la peinture et la sculpture, la propriété matérielle est souvent une partie très importante de l'ouvrage, cette propriété matérielle entre dans le commerce par suite de la mort de l'auteur, la propriété artistique devra y entrer aussi, non parce qu'elle serait l'accessoire de la première, mais parce que l'intérêt de la réputation de l'artiste auquel elle est subordonnée n'est pas en jeu dans la question. C'est justement cette importance de la propriété matérielle qui n'existe pas dans le manuscrit, qui a été la raison du décret de l'an XIII, on a voulu en quelque sorte donner une prime à celui qui publiait l'œuvre d'un écrivain mort, et pour l'exciter à faire les frais de l'impression on lui a assuré les mêmes droits qu'à l'auteur lui-même. L'artiste une fois mort, la situation n'est plus la même ; son ouvrage a une valeur en tant qu'objet matériel, on peut le vendre et, par conséquent, l'héritier qui veut faire la publication peut d'ores et déjà se rendre compte de la valeur du tableau ou de la statue faits par le *de cujus*, il risquera de lui-même la publication par la reproduction, ou tout au moins par l'exposition.

Il faut donc dire en somme que l'ouvrage posthume subit en matière de propriété artistique le même sort que les autres, et que l'héritier qui le publie n'a pas plus de droits que si l'auteur l'avait fait lui-même.

Il est évident que cette mise dans le commerce ne peut pas s'appliquer à tous les ouvrages de l'artiste malgré la volonté de l'héritier, elle n'aura pas lieu si celui-ci prouve que telle œuvre n'était qu'un document, une étude faite pour la préparation d'un tableau par exemple. Elle a alors le caractère d'une note personnelle, si l'on veut, d'une correspondance privée. Les créanciers ne peuvent battre monnaie avec les idées de leur débiteur sous quelque forme qu'elles soient notées.

Ce ne sera pas, d'ailleurs, pour les héritiers de l'auteur un moyen de tromper les créanciers, s'ils exécutent la reproduction d'une œuvre qu'ils avaient conservée comme personnelle, ils s'exposent à l'article 1167 du Code civil et, en tous cas, les créanciers peuvent intervenir à la cession pour sauvegarder leurs droits (1).

____

(1) Pouillet, p. 416. Blanc, p. 261. Vaunois. Thèse, p. 175. Rendu et Delorme, n° 448. Pouillet, p. 249 : Les même règles s'appliquent à la veuve.

CHAPITRE IV

Transmission de la propriété artistique.

§ I. — La propriété artistique et la propriété

matérielle.

On a vu dans le chapitre précédent quels étaient les droits qui formaient dans leur ensemble la propriété artistique ; mais cette analyse ne doit pas faire oublier que le possesseur de l'œuvre d'art en tant qu'objet matériel a, lui aussi, des droits très étendus sur elle.

Il en est propriétaire, il en a le *jus utendi, fruendi, abutendi*.

Je rappellerai néanmoins que, comme je l'ai dit au chapitre précédent, le *jus fruendi* ne rentre nullement dans la propriété artistique ; la propriété matérielle ne comprend ni le droit de reproduction, ni le droit d'exposition ; le propriétaire de l'œuvre d'art pourrait néanmoins exercer le *jus fruendi* en louant l'œuvre dont il a la propriété, si c'est une chose qui, par sa nature, est destinée à être constamment sous les yeux du public, exemple : un panorama, un édifice.

Au point de vue du *jus abutendi*, la propriété matérielle ne peut souffrir ici aucune restriction ; en effet, le *jus abutendi* est la caractéristique du droit de propriété, on ne saurait, en dehors d'une disposition législative,

lui apporter une réserve quelconque : le propriétaire de
l'œuvre d'art pourra la détruire, la modifier, l'altérer,
la découper en morceaux.

Il peut même empêcher l'artiste d'exercer son droit
de reproduction en lui interdisant de faire tirer, au
mépris de sa propriété, un cliché quelconque de l'ouvrage dont il s'est rendu acquéreur. En pratique, cette
interdiction n'aurait guère d'importance, car l'auteur
conserve toujours des esquisses qui lui permettront de
faire un dessin pour l'exercice de son droit de reproduction.

Ces règles ont un intérêt spécial en matière d'architecture, l'œuvre de l'architecte est en effet constamment
exposée aux regards de la foule, l'artiste peut y avoir
même apposé sa signature, comme cela se fait beaucoup
aujourd'hui (1) ; il n'en faut pas moins reconnaître au
propriétaire du bâtiment le droit d'y faire des changements, de le démolir en tout ou en partie. L'architecte
ne saurait s'y opposer sous prétexte qu'il y a exposition
publique constante ; il savait bien, en effet, qu'un bâtiment ne peut rester constamment identique, que bien
souvent des changements s'imposent, et le *jus abutendi*
ne saurait fléchir ici devant son intérêt. Le particulier
s'est rendu acquéreur d'un corps certain pour son utilité
ou son agrément ; étant propriétaire, il peut y faire tous
les changements qui lui plaisent, au point de vue de

______

(1) Les maîtres maçons du moyen âge, ceux qui ont construit nos
merveilleuses cathédrales gothiques, avaient eux aussi, l'habitude de
signer leurs édifices, mais au lieu de la mention de leur nom, ils
avaient adopté certains signes particuliers généralement inconnus
des profanes.

l'utilité ou de l'agrément ; quand on a affaire à l'œuvre d'art en tant que corps certain, objet matériel, l'intérêt de l'artiste doit fléchir devant le droit absolu du propriétaire ; au point de vue de la loi, les questions de réputation, d'honneur, qui sont prépondérantes en matière de propriété artistique, n'existent pas ici. Nous sommes dans le domaine du droit commun.

On ne peut donc dire que le droit du propriétaire se trouverait paralysé par une convention tacite résultant du fait qu'il a permis à l'architecte de signer son œuvre, mais elle pourrait résulter d'une convention expresse. La jurisprudence est en ce sens : Trib. civ. Seine, 24 déc. 1857. Pat., 58, p. 89. (Le propriétaire d'une fresque a le droit de la recouvrir, alors que l'artiste s'est réservé le droit de reproduction). Aix, 19 juin 1868, Pat., 68, 296. (La signature de l'architecte n'empêche pas le propriétaire de faire des modifications au bâtiment.) Nice, 31 janv. 1888. Pat., 92, 100. (L'architecte n'a aucune action pour empêcher le changement de place d'un monument par la ville qui s'en est rendu acquéreur. La jurisprudence admet même l'exposition par l'acquéreur à moins qu'il n'ait mutilé l'ouvrage, on l'a vu plus haut (1).

Malgré l'étendue des droits qui résultent pour lui de la propriété matérielle, il est faux de dire comme l'ont fait certains arrêts de jurisprudence, que la propriété matérielle entraîne avec elle comme accessoire la pro-

---

(1) Le propriétaire de l'original a évidemment le droit de faire reconnaître en justice que telle œuvre n'est qu'une contrefaçon de celle qu'il possède, car le délit l'atteint lui aussi dans sa propriété matérielle ; il déprécie l'original qui a de la valeur surtout à cause de sa rareté. Paris. 16 mai 1890. Cass., 23 déc. 1891. Pat. 92. p. 252.

priété artistique (1). Comme on a pu le voir par ce que je viens de dire, la propriété matérielle et la propriété artistique se distinguent parfaitement ; l'une suppose l'ouvrage dans la vie privée, l'autre répandu dans le public ; ce qui est vrai pour l'une est faux pour l'autre, et réciproquement. Il y a bien entre elles un lien matériel qui est l'œuvre d'art elle-même, à l'occasion de laquelle elles s'exerceront toutes deux ; mais c'est tout, l'exercice de chacune est séparé, indépendant de celui de l'autre ; on ne saurait donc dire que la propriété artistique est l'accessoire de la propriété matérielle, pas plus qu'on ne peut soutenir le réciproque (2).

§ 2. — La vente d'une œuvre d'art n'entraine pas la cession de la propriété artistique

On peut donc affirmer que la vente d'une œuvre d'art n'entraîne pas cession du droit de reproduction.

Sans doute, il y a des circonstances où l'on sera obligé de décider que la vente a entraîné la cession du droit de reproduction, même en l'absence d'une convention formelle à cet égard. Il faut ne pas perdre de vue ici l'article 1163 du Code civil : un contrat ne s'applique qu'aux choses sur lesquelles les parties paraissent avoir voulu contracter. Cette intention des parties sera dès lors révélée par les circonstances, l'importance du prix, la personne avec qui l'on a traité, sa qualité d'éditeur,

---

(1) V. notamment Trib. civ. Seine, 27 juillet 1883. Pat., 87, p. 238. Paris, 7 août 1889. Pat., 93, p. 125. Trib. corr. Seine, 14 juin 1892. Pat., 94, p. 56 qui sont ainsi motivés.

(2) V. Pouillet, p. 358, 359, 360 et 363.

par exemple. A propos du prix, il ne peut y avoir de mé-
prise, surtout si l'on se rappelle que le droit de reproduction a une valeur dix à vingt fois plus grande que la
propriété matérielle de l'ouvrage.

Si donc aucune circonstance ne peut établir la cession
du droit de reproduction, on devra, dans le silence des
parties, s'en référer aux principes et dire que la propriété artistique, distincte de la propriété matérielle,
n'a pas été aliénée avec elle (1).

La jurisprudence, après s'être montrée favorable à
cette opinion, l'a abandonnée vers 1840. Elle décide,
avec quelques auteurs, que la cession du droit de reproduction s'opère au profit de l'acquéreur, dans une vente
de l'œuvre d'art faite sans réserves. Elle base tout
d'abord son opinion sur une connexité apparente entre
la propriété artistique et la propriété matérielle qui fe-
rait de la première l'accessoire de la seconde. Elle in-
voque en faveur de sa solution un avis du Conseil d'État
du 2 avril 1823, qui autorise cette solution tout en
reconnaissant que son opinion ne saurait être imposée
aux tribunaux. Enfin, elle s'appuie principalement sur
le principe que, dans la vente, tout pacte obscur ou
ambigu s'interprète contre le vendeur ; par conséquent,
la vente faite sans réserves, dit-on, doit s'interpréter
dans le sens de l'abandon de la propriété artistique au
profit de l'acquéreur.

____

(1) En ce sens : Pouillet, p. 362. Vaunois, p. 293. Rendu et
Delorme, n° 898. En sens contraire : Nion, p. 305 et Calmels, 445.
   V. encore Romberg : *Etudes sur la propriété littéraire et artis-
tique* (1892), p. 251 et suiv.

La jurisprudence s'est fixée en ce sens par un arrêt rendu toutes chambres réunies par la Cour de cassation le 27 mai 1842 (Dall., p. 42, 1, 385), après plusieurs jugements en ce sens (Trib. corr. Seine, 21 mars 1839 ; *Gaz. Trib.*, 22 mars), et un arrêt de la Cour de Paris du 22 avril 1841 (Dall , V° Prop. litt. n° 281 [1]). (Paris, 1er juill. 1858. Pat. 58, 337 ; Trib. civ. Seine, 30 avril 1855. Sir. 55, 2, 431 ; Trib. civ. Seine, 27 juill. 1883. Pat. 87, p. 258 ; Trib. corr. Seine, 14 juin 1892. Pat. 94, p. 56.)

Le système qu'elle a adopté est faux dans son principe, peu importe dès lors l'application de la vente, la vente n'étant faite qu'en vue de la propriété matérielle. Il conduit également aux conséquences les plus fâcheuses en pratique. Comme l'a fait remarquer M. Vaunois, l'artiste qui vendra son tableau, les esquisses qu'il a faites pour ce tableau, ses études, ses maquettes s'il est sculpteur, verra son droit exercé par une foule d'individus à la fois ; il assistera, sans pouvoir protester, à l'exercice d'un droit de reproduction qui portera atteinte à sa réputation, déshonorera son œuvre. Rien n'empêchera celui-ci de l'utiliser comme sujet de pendule, pendant qu'un autre en fera un devant de cheminée, un dessin de tapisserie, et quelle tapisserie, et quel devant de cheminée, et quel sujet de pendule ! Ce sera un véritable pillage contre lequel il n'aura aucun recours.

____

(1) La jurisprudence antérieure était on le sait dans le sens de l'opinion que j'ai développée. Trib. civ. Seine, 17 janvier 1832. Blanc, p. 265. Trib, corr. Seine, 13 déc. 1854. Blanc, p. 299. Caen, 3 mars 1855, *Gaz. Trib.*, 11 mars.

Le monde des artistes a protesté avec les auteurs, mais vainement, contre cette jurisprudence. Dans les différents projets de loi élaborés par les commissions en 1841, 1863, les rapporteurs et les membres des commissions tentèrent une réforme législative ; le projet Bardoux échoua au Sénat sur la question ; l'article 4, qui la tranchait en faveur des artistes, fut renvoyé à la commission ; le projet Philippon, qui adopte la même solution, n'a pas encore abouti et l'on ne peut dire dans quel sens la question sera tranchée par nos législateurs. Ce qui est certain, c'est qu'une solution s'impose ; elle est indispensable, étant donné l'état de choses actuel, la division profonde qui existe entre la doctrine et la jurisprudence.

Les Congrès sont tous également favorables aux artistes ; ils ont exprimé des vœux unanimes en ce sens. Le plus important à ce point de vue a été celui de 1878 présidé par Messonnier qui, après Lamartime, Huard et Goupil, développait cette idée que les artistes font rarement un contrat avec leurs acquéreurs, que la jurisprudence les livre pieds et poings liés aux spéculateurs malhonnêtes (1).

« Nous demandons, disait-il, une législation qui nous
« protège sans que nous nous en doutions, comme elle
« protège les mineurs pour ainsi dire, car nous le
« sommes tous un peu, par ignorance souvent, par
« négligence aussi, C'est un tort, j'en conviens ; mais

____

(1) Romberg : *Etudes sur la propriété littéraire et artistique*, 1892. V. chapitre intitulé : *Meissonnier et la propriété artistique*, p. 272. V. également Walewski : *Comptes rendus de la Commission de la propriété littéraire et artistique*, 1863, p. 106 à 110.

« il faut nous le pardonner, et peut-être mieux que cela
« nous en louer… Ne nous demandez donc pas de faire
« un contrat : si c'est chose impossible pour ceux qui ont
« le rare bonheur de voir leurs œuvres recherchées,
« jugez combien ce l'est plus encore pour ceux d'entre
« nous qui, plus jeunes ou moins heureux, ne pourront
« pas toujours recueillir le fruit de leur travail. Quand
« l'amateur entre chez eux, mais c'est la Providence !
« Croyez-vous qu'ils pourront lui dire d'aller chez un
« notaire ? Cette Providence est peut-être un hasard,
« un caprice ; elle pourrait s'envoler en allant chez
« le notaire ; même pendant que le pauvre artiste lui
« présenterait le papier et la plume… »

Au congrès de 1889, Meissonnier fut nommé président comme il l'avait été en 1877 à Anvers et en 1878
au Trocadéro.

La question fut reprise avec moins d'éclat qu'en 1878,
le découragement ayant peu à peu gagné les rangs des
congressistes et des artistes, à cause de l'échec du projet.
Bardoux au Sénat, Meissonnier exprima le regret
des artistes en face du mauvais vouloir des législateurs.

« N'est-ce point assez, s'écriait-il, pour le proprié-
« taire d'une œuvre d'art d'en avoir la possession
« souveraine ?..... Faut-il encore qu'il ait le droit
« de faire de cette œuvre qui contient toute notre âme des
« reproductions à je ne sais quel usage ? Ici je ne fais pas
« de fantaisie : ne voulait-on pas tout dernièrement se
« servir de l'un de mes dessins pour la marque de fabri-
« que et l'enseigne de je ne sais quelle liqueur ? (1). »

____

(1) Romberg, p. 276 et 278.

La question a une importance pratique considérable
puisque, comme le disait fort justement Meissonnier,
l'artiste qui vend un tableau, une statue ne peut guère
passer un contrat avec son acquéreur, la solution
législative serait à désirer d'autant plus que dans les
pays étrangers notamment en Belgique, en Suisse, en
Espagne, en Italie, en Hongrie, en Allemagne, la
question est depuis longtemps résolue par la loi en
faveur des artistes.

§ 3. — Vente faite a l'État

Si la vente est faite à l'Etat y a-t-il lieu d'admettre
en sa faveur une exception à la règle que l'on vient de
voir ? On a dit que l'État faisait une situation particulièrement honorifique à l'artiste a qui il achète un ouvrage, qu'il faisait sa réputation et sa fortune en même
temps. On ne peut accepter cette idée sans réserves,
et dans le monde des artistes personne ne se fait
beaucoup d'illusion sur l'importance que peuvent
avoir les achats au point de vue de la renommée. L'État
achète des ouvrages, il n'est pas plus infaillible
qu'un particulier, et il est inutile de répéter après
tant d'autres, que l'administration des Beaux-Arts
tient à la tradition autant qu'au talent véritable.
Ce que l'on appelle l'art officiel, n'est pas l'idéal des
peintres, ni des sculpteurs, encore moins des architectes.
Cette idée ne peut justifier à mon sens une exception à
la règle en faveur de l'État : il y a actuellement, comme
il y a toujours eu (je n'ose dire comme il y aura toujours)
une catégorie d'artistes qui sont systématiquement

privés des faveurs de l'administration si tant est que la commande de l'État soit une faveur ; ce n'est pas chez eux que le talent est le plus rare. On a dit encore que l'État achetait dans le but de faire l'éducation artistique du peuple et de contribuer à l'étude des beaux arts, d'en fournir les éléments aux futurs maîtres ; on a dit : l'artiste est dépouillé de ce fait de son droit de reproduction ; on a ainsi décrété un expropriation de fait qui n'est rien moins qu'illégale. Il faut au contraire dire : l'Etat se rend acquéreur peut-être dans l'intérêt général, mais la faveur qu'il fait à l'artiste n'est pas assez grande pour qu'il soit de ce fait autorisé à le dépouiller de son droit à son insu.

L'avis du Conseil d'Etat que j'ai cité plus haut avait été rendu en cette matière, mais il n'a jamais eu force de loi n'ayant jamais été inséré au *Bulletin des lois*. Mais il y a actuellement un règlement de l'administration des beaux arts du 3 novembre 1878 qui stipule formellement le droit pour l'Etat de faire ou laisser reproduire les œuvres qu'il a acquises et interdit aux artistes la reproduction.

La jurisprudence qui admet la cession de la propriété artistique par le fait de la vente de l'objet matériel, se range à cette opinion : cela n'a rien d'étonnant (Trib. civ., Seine, 20 avril 1855. Sir., 55, 2, 431. Trib. comm., Seine, 7 nov. 1867. Pat., 67, p. 361 (1) ; Paris, 24 avril 1872. Pat., 73, p. 46 ; Paris, 7 août 1889, Pat. 93, p. 125).

---

(1) Il s'agissait de la reproduction photographique faite par Pierre Petit, des palais de l'exposition de 1867.

Mais elle adoptait déjà la même solution avant 1840 c'est-à-dire en même temps qu'elle décidait que la vente faite à un simple particulier n'entraînait pas cession du droit de reproduction (Trib. correct., Seine, 17 mai 1834. Blanc, p. 259; Trib. correct., Seine, 21 mars 1839. *Gaz. Trib.*, 22 mars.)

Les congrès de 1878 et 1889 ont exprimé des vœux en sens contraire de l'opinion adoptée par la jurisprudence, voulant que l'État se soumette à la règle générale, et lui ont accordé seulement le droit d'autoriser la copie dans un but d'étude, comme à un simple particulier (on verra plus loin en effet que ce fait est exclusif de la contrefaçon).

§ 4. — Achat d'une ou plusieurs épreuves

La question que l'on vient d'examiner ne saurait être discutée au cas où l'on s'est rendu acquéreur d'une ou plusieurs épreuves au lieu de l'original lui-même ; la personne qui a acheté une reproduction ne saurait avoir de droits que sur elle : elle ne peut prétendre à un droit de propriété artistique.

Cette règle trouve une application importante en matière de photographie. Un photographe est cessionnaire du droit de reproduction d'un ouvrage pour sa partie, il vend ses épreuves; celui qui en achète une pour la colorier et la revendre, viole le droit de l'artiste qui n'a cédé que le droit de reproduction par la photographie, c'est-à-dire en noir, il ne peut avoir plus de droit que son vendeur. Il a commis le délit de contrefaçon.

La jurisprudence est ce sens (Trib. correct., Seine, 4 déc. 1867. Pat., 68, 56 ; Trib. correct., Seine, 29 déc. 1883. *Gaz, Pal.*, 84, 1, 203 ; Trib. correct. 7 mars 1884. *Gaz. Pal.*, 84, 1, 623 ; Trib. correct., Seine, 20 nov. 1891. La loi, 14 fév., 92. Paris, 9 janv. 1891. Pat. 92, p. 249).

On a vu plus haut cependant que dans une certaine opinion, la propriété artistique était reconnue en cas de portrait non à l'artiste mais au modèle, on a ajouté, toujours en vertu de cette prétendue commande, dont j'ai parlé, que dans le cas d'un portrait photographique le cliché ou phototype négatif appartenait non pas à l'artiste mais à la personne dont il servait à multiplier l'image.

On a dit dans cette opinion : la preuve que le photographe n'est pas propriétaire du cliché c'est qu'il n'en a ni l'*usus*, ni l'*abusus* et d'ailleurs le contrat de commande, en mettant à sa charge l'obligation de faire pour un autre un travail déterminé, lui enlève la propriété du cliché ; en admettant même, ajoute-t-on que le contrat qui se forme entre le photographe et son sujet, soit une vente, les épreuves sont la chose principale, puisque c'est sur elles que la vente a porté et, en vertu de la régle *accessorium sequitur principale* le cliché doit être attribué au propriétaire de ces épreuves à titre d'accessoire. Il n'y a pas lieu, disent les partisans de cette opinion, de s'arrêter davantage à l'article 2279 car il ne peut être invoqué par le photographe qui est nécessairement de mauvaise foi.

Ce système est basé sur deux principes faux : le

premier, que j'ai déjà repoussé et qui tend à faire de la commande, en ce cas, un louage d'ouvrage, et à attribuer dans tous les cas la propriété artistique au modèle et non à l'artiste, le second, cette négation même de la propriété matérielle du cliché, en vertu de l'absence de l'usus au profit du photographe ; j'ai dit au commencement de ce chapitre que l'usus, élément de la propriété matérielle n'avait rien de commun avec l'exercice du droit de reproduction qui est l'essence même de la propriété artistique ; le droit de reproduction s'exerce dans une sphère d'action qui lui est particulière, de même que la propriété matérielle ; il n'y a aucun lien à établir entre elles. Au surplus il est faux de dire que le photographe n'a pas l'usus de son cliché, il peut y faire des retouches, l'employer en effaçant la figure. Il est encore plus faux de dire qu'il n'en a pas l'abusus il a certainement le droit de le détruire, il a le droit de le vendre avec son fonds de commerce à un successeur, s'il n'a pas le droit d'en faire une vente séparée. La preuve en est que les photographes mettent au dos de leurs épreuves « Les clichés sont conservés, » formule qui est connue de tout le monde. Comment pourrait-on s'imaginer dès lors que l'on deviendra propriétaire du cliché en même temps que des épreuves ? Quand le photographe imprime au dos de ses photocopies « les clichés sont conservés », cela veut certainement dire : le cliché m'appartient, je pourrais le détruire ; mais je préfère, dans l'intérêt de ma clientèle, ne pas le faire ; je serai donc à même de fournir plus tard de nouvelles épreuves du même phototype au fur et à mesure du besoin de mes clients. »

Comment peut-on dire alors que le photographe est de mauvaise foi et n'a pas droit à l'article 2279 ?

Les partisans de l'opinion que je combats, après avoir attaqué le photographe sur le terrain de la commande, se font fort de triompher également sur celui de la vente, mais leur victoire n'est que de pure apparence.

L'objet de la vente, la chose principale est l'épreuve, disent-ils, et elle doit dès lors entraîner avec elle la propriété du phototype comme accessoire. On peut aussi bien dire que le phototype est la chose principale et l'épreuve l'accessoire, ce sera encore plus juste, puisque le cliché servira à établir autant d'épreuves que l'on voudra. Sans doute l'objet de la vente est l'épreuve, comme le disent les partisans de l'opinion adverse ; et j'ajouterai même : c'est pour cela que le cliché reste au photographe : le cliché ne peut être compris dans la vente, le prix est trop minime pour représenter la valeur des tirages auxquels il peut servir. Il n'y a d'ailleurs, comme l'ont fait remarquer plusieurs arrêts, aucun argument à tirer de ce fait que la première épreuve aurait été payée plus cher que les autres ; le photographe n'entend pas faire payer par là le cliché, mais seulement son travail, la retouche, les bains qui sont nécessaires pour une seule épreuve aussi bien que pour plusieurs. On ne peut donc songer à appliquer l'article 556 du Code civil qui exige pour l'accession, deux choses étroitement unies pour former un tout (1).

---

(1) Pouillet, p. 379. Bigeon, p. 110 et suiv.

Il est bien évident qu'en vertu d'une convention spéciale, le modèle pourrait réclamer la propriété du cliché.

La jurisprudence a adopté l'opinion que je viens d'exposer. Elle refuse énergiquement la propriété du cliché au modèle qui a seulement, comme on le sait, le droit de s'opposer à la reproduction de ses traits. Au cas où le photographe a contrevenu à cette volonté elle prononce la destruction du cliché. (T. Seine, 20 nov. 1867, Pat., 67, 363. — Lyon, 8 juil. 1887, Dall., p. 88, 2, 180. — Paris, 9 août 1888, Sir., 90, 2, 41.) Ce dernier arrêt est capital et comprend les positions suivantes :

La personne qui fait exécuter son portrait ne devient pas propriétaire du cliché ; on ne saurait voir la preuve d'une convention dans ce fait que la première épreuve a été payée plus cher que les autres.

Le droit du photographe sur le cliché est d'ailleurs étroitement limité.

Lé photographe ne peut vendre le cliché isolément, mais il se trouvera compris dans la cession de son fonds de commerce, et la personne représentée n'est pas fondée, lors de la vente du fonds de commerce, à demander que le cliché soit distrait de cette vente.

Enfin un jugement du Tribunal civil de la Seine du 30 avril 1896 a reconnu le même principe et ordonné la destruction du cliché. Les tribunaux se montrent d'ailleurs très circonspects dans l'application de cette mesure et ils ont raison, car ordonner la destruction du cliché c'est dépouiller le photographe de sa propriété artistique et en tous cas lui enlever l'espérance de bénéfices parfois importants. Elle ne la prononce en général que s'il y a eu de la part du photographe une faute grave ou un préjudice causé. (Pat., 97, p. 137.) [1].

L'opinion que j'ai adoptée avec la jurisprudence a d'ailleurs fait l'objet des vœux de tous les congrès qui se sont succédés depuis 1889 ; le congrés de Bruxelles et celui de Barcelone ont notamment émis des vœux en ce sens. La controverse que j'ai exposée se restreint donc à la doctrine.

§ 5. — Remarque sur le droit de répétition

J'ai indiqué au chapitre précédent le droit de répétition parmi ceux qui sont les éléments de la propriété artistique, en ajoutant que c'était là un droit aliénable avec le droit de reproduction lui-même. L'artiste qui a cédé la propriété artistique de son ouvrage ne saurait donc l'exercer : il pourra être poursuivi comme contre-facteur par son cessionnaire. Pour bien préciser la diffé-rence et l'absence d'une attache quelconque entre la propriété matérielle et la propriété artistique, force m'est de faire remarquer que le droit de répétition ne peut être non plus exercé au mépris du droit d'un acquéreur, de celui qui a uniquement la propriété ma-

---

(1) Il s'agissait dans l'espèce de photographies faites en vue de la publicité par suite d'un contrat intervenu entre un photographe et un grand couturier. Le contrat n'ayant pas reçu d'exécution, le pho-tographe s'était cru autorisé à publier des épreuves de son cliché sous le titre « Avant le bal ». Les essayeuses de la maison qui étaient représentées sur cette photographie avaient donc le droit de s'op-poser à la publication. La destruction a été ordonnée par le tribunal qui a admis avec raison que la conduite du photographe justifiait la méfiance des personnes représentées.

térielle. Mais si l'artiste a fait cette répétition, les conséquences sont totalement opposées à l'égard du cessionnaire et à l'égard du propriétaire matériel.

Tandis que le premier peut poursuivre l'artiste en
contrefaçon, le propriétaire de l'œuvre d'art au point de
vue matériel, n'ayant pas la propriété artistique, se voit
refuser cette action, il n'a qu'une action en dommages-
intérêts basée sur ce fait que l'artiste a fait tort à sa
propriété, enlève de la valeur à son droit. Il a manqué,
en partie au moins, à son obligation de garantie.

Tandis qu'à l'égard du cessionnaire, l'artiste doit être
considéré comme un tiers au point de vue des droits
aliénables de la propriété artistique, à l'égard de l'acquéreur, l'artiste n'est tenu que d'une obligation de
garantie *stricto sensu*. Si, au lieu de reproduire sa première œuvre d'une façon adéquate, il se contente d'en
copier une partie, ou si, au contraire, il la reproduit
entièrement en la faisant entrer dans une plus grande,
le cessionnaire pourra dire que l'artiste a violé son
droit, l'acquéreur ne le pourra pas ; car, il n'y a pas
deux originaux au lieu d'un, il reste propriétaire d'une
œuvre qui est quand même unique, et il ne pourrait
dire que l'artiste a manqué à son égard à l'obligation
de garantie.

Je dirai donc, en résumé, que l'on ne peut vraiment
parler de répétition qu'au point de vue de la propriété
immatérielle de l'œuvre ; au point de vue de la propriété matérielle, le droit commun seul s'applique et
l'artiste ne peut faire une œuvre adéquate à la première ; car il manque alors à son obligation de garantie.

Au point de vue de la propriété matérielle, l'artiste

9

pourrait se réserver formellement le droit de répétition ; en effet, on peut s'affranchir de l'obligation de garantie à un point de vue particulier par une convention formelle.

§ 6. — De la cession de la propriété artistique.

Les règles de la vente s'appliquent à la cession de la propriété artistique comme à toute cession de propriété intellectuelle. Cette application n'est pas sans importance, si l'on se reporte à l'article 1162 qui stipule formellement que tout pacte obscur ou ambigu s'interprète contre le vendeur. On a déjà vu comment l'artiste se voit, en l'absence d'une stipulation formelle, dépouillé de sa propriété artistique au profit de l'acquéreur, d'après la jurisprudence, cela parce qu'il n'a pas l'habitude de prendre la plume pour faire une vente ; les éditeurs, qui ont, eux cette bonne habitude, passeront toujours un contrat avec l'artiste quand il s'agit du droit de reproduction ; souvent les ambiguités du contrat y auront été introduites par eux : c'est l'artiste qui en pâtira. La situation qui lui est faite au point de vue contrat n'est donc rien moins que brillante.

L'exposition générale des règles de la cession ne saurait trouver place dans une étude spéciale aux arts du dessin. Je rappellerai seulement la distinction que j'ai faite plus haut entre les droits qui passent au cessionnaire et ceux qui restent à l'artiste, parce qu'ils sont la sauvegarde de sa réputation et de son honneur. Le contrat d'édition ne peut davantage être étudié par moi dans sa forme générale ; car il s'applique bien plus à la propriété littéraire qu'à la propriété artistique. Je signalerai seulement ici les traits caractéristiques de la cession en matière de propriété artistique dans les arts du dessin, en considérant la cession totale et la cession partielle.

A. *Cession totale.* — C'est la seule qu'il soit possible d'admettre quand le contrat a été fait sans réserves. Cependant, il pourra résulter des circonstances que les parties n'ont pas eu l'intention de faire une cession totale, et l'on devra admettre souvent la possibilité de deux cessions sans réserves, si l'une est faite au point de vue de la reproduction industrielle, l'autre au point de vue de la reproduction par les arts délinéatoires : un sculpteur peut donc très bien faire une cession à un fondeur et une autre à un éditeur d'estampes, sans rien stipuler. C'est là une question de fait sur laquelle on ne peut guère indiquer autre chose qu'une règle très générale.

A propos des journaux, je crois que l'on peut cependant tirer argument de la règle adoptée en matière littéraire. Le journal est, en effet, un mode de reproduction d'une nature spéciale, il a un tirage limité à un nombre fixe d'exemplaires, il ne peut proportionner le tirage au succès des œuvres qu'il publie ; il les offre au public à un point de vue spécial, celui de l'actualité, de la nouveauté ; il faut donc décider en règle générale, mais qui peut être démentie par certaines circonstances de fait, notamment le prix, qu'il n'y a jamais cession entière d'un dessin paru dans un journal ; l'artiste peut publier ce dessin dans la suite dans un recueil de ses œuvres complètes. La même solution est adoptée en matière littéraire par la jurisprudence et les auteurs (1).

Il en est de même pour des dessins destinés à l'illustration d'un ouvrage ; on a vu plus haut que la propriété artistique appartenait à l'artiste dans ce cas et, qu'en l'absence de toute convention, il fallait décider qu'il n'avait aliéné que le droit de reproduction des dessins dans l'ouvrage même. L'intention probable des parties est en ce sens, c'est la cession partielle et non la cession totale qui est de règle en ce cas.

B. *Cession partielle*. — La cession partielle peut être faite ou bien pour un mode spécial de reproduction, ou bien pour un nombre déterminé d'exemplaires, ou bien encore pour une édition seulement.

a) *Mode spécial de reproduction*. — Quand la cession a été faite pour un mode spécial de reproduction, la composition qui en a été l'objet ne peut être reproduite ni directement ni indirectement par un autre mode. On pourrait arguer de ce fait que la propriété artistique s'attache à la reproduction elle-même, et dire que le cessionnaire pourra faire une reproduction de cette reproduction par tous les moyens qui lui plairont. Cela est faux, car on aboutit à violer le contrat et à autoriser une reproduction qu'il avait défendu. Par exemple, un artiste cède à un éditeur le droit de reproduction de son ouvrage par l'héliogravure, l'éditeur ne pourrait prétendre à mon sens qu'il peut faire une re-

____

(1) Pouillet, p. 267.

production de cette héliogravure, par la gravure sur bois ou la phototypie.

b) *Nombre déterminé d'exemplaires.* — Quand la cession est faite pour un nombre déterminé d'exemplaires, l'éditeur qui en mettrait davantage en vente pourrait se voir poursuivi pour contrefaçon, s'il est de mauvaise foi. En tous cas, c'est là un manquement grave aux règles du contrat qui justifiera toujours une poursuite de la part de l'auteur. Il y a, en matière de librairie, un usage qui n'existe guère qu'en France (1) : c'est celui des *mains de passe.* On appelle ainsi un certain nombre d'exemplaires qui sont tirés à part par l'éditeur, pour remplacer les exemplaires détériorés ou ceux dont le tirage a été manqué. L'éditeur pourra évidemment avoir recours aux mains de passe, même s'il a été fixé un nombre déterminé d'exemplaires, mais il ne pourra jamais les vendre, ni prétendre qu'on doit lui faire remise d'une partie du prix, ou l'exempter de la redevance par exemplaires pour les épreuves de passe qu'il n'aura pas tirées. C'est une faveur pour lui que d'user des mains de passe, il ne saurait en tirer un bénéfice au point de vue de la vente des épreuves.

c) *Cession du droit pour une édition seulement.* — Il y a des ouvrages consacrés uniquement à la reproduction des œuvres de maître, ou à la reproduction des œuvres d'un artiste en particulier ; ces ouvrages sont édités comme les ouvrages littéraires, et il faut leur appliquer

____

(5) En Belgique notamment, en ignore totalement l'usage des mains de passe.

le même principe (1). Pour ce qui est des reproductions séparées, la cession du droit de reproduction pour une édition seulement devra s'entendre, selon les auteurs, de l'épuisement de la planche par des tirages successifs ; c'est en effet le seul fait qui, dans le domaine de l'art, corresponde à peu près exactement à une édition au point de vue littéraire.

Tant que la planche peut servir au tirage, l'artiste ne pourra, à moins de violer les obligations résultant de son contrat d'édition, céder à un autre éditeur le droit de reproduction de son ouvrage.

Cession des œuvres futures. — La question de la cession des œuvres futures intéresse les artistes comme les auteurs, car il n'est pas rare de voir un peintre se mettre aux gages d'un marchand de tableaux ou d'un éditeur.

Sans approfondir la question qui n'est pas particulière à mon sujet, je dirai seulement que la jurisprudence, contrairement à quelques auteurs, prononce en matière littéraire la nullité de cet acte comme étant fait sous condition potestative du débiteur.

« Cette solution, dit Pouillet, a certainement l'avan-
« tage de protéger les auteurs et les artistes contre eux-
« mêmes, contre une tendance à laquelle ils cèdent si
« facilement et qui les porte, en échange d'un profit
« immédiat, à engager leur avenir tout entier, à aliéner
« leur liberté. (2). »

---

(1) Huard fils. *Des contrats entre les auteurs et les éditeurs*, 1889, nᵒˢ 58 et 59.

(2) Pouillet, **274**. V. Huard fils : *Des contrats entre les auteurs et les éditeurs*, nᵒ 38, Calmels, p. 412.

On répond que la condition potestative n'est ici d'aucun poids car ce n'est pas la condition purement potestative : *si voluero*. En tout cas, l'inexécution de l'obligation que l'artiste a mise à sa charge se résoudra certainement en dommages-intérêts. La jurisprudence l'admet sans difficulté pour les artistes, sans doute en vertu de la notion un peu exagérée qu'elle se fait de la commande. (Paris 4 juil. 1865. Pat., 66, p. 385 ; Trib. civ. Seine, 7 déc. 1877. Pat., 78, p. 141 ; Trib. civ. Seine, 29 juil. 1892. Pat., 93, p. 123).

§ 7. — DE LA DONATION

L'artiste peut faire de son ouvrage l'objet d'une donation manuelle ou d'une donation contractuelle. Les règles de la donation s'appliquent ici : le donataire a tous les droits d'un acquéreur, par conséquent, on voit ici à quelles conséquences peut aboutir le système de la jurisprudence ; le donataire pourra, au moyen du droit de reproduction, se faire une fortune considérable, pendant que l'artiste vivra dans la misère. Si le public est trop enclin à croire que les artistes peuvent facilement faire cadeau d'un de leurs ouvrages, il ne faut pas lui permettre de tirer un parti considérable d'un droit qu'il n'avait pas cru acquérir le plus souvent et dont en tous cas il ne soupçonnait pas l'existence.

La donation de la propriété artistique ne peut donc, à mon sens, être faite que par l'expression formelle d'une volonté. Il y a ici une raison *a fortiori* de décider l'application des règles de la vente ; le donateur a les droits, il est tenu des obligations qui incombent à un cessionnaire ordinaire.

La propriété artistique peut d'ailleurs comme la propriété littéraire, faire l'objet d'un apport en société ; elle est susceptible de copropriété en dehors du droit des collaborateurs ; les règles de la copropriété ordinaire s'appliquent alors et notamment l'article 815 du Code civil, elle est susceptible de nantissement, car, tout en étant un droit incorporel, elle a pris naissance à l'occasion d'un ou plusieurs objets dont la remise au créancier lui assurera le privilège du gagiste sur le droit lui-même. La jurisprudence est en ce sens (1).

En matière de preuve, possession in de la planche gravée, de la matrice du moule, du cliché photographique, etc., ne sont pas par eux-mêmes des preuves de la propriété artistique mais ils établissent une présomption de propriété à l'égard de leur possesseur (2).

---

(1) Paris, 24 avril 1863. Pat., 63, 384.

(2) Les règles de la transmission de la propriété littéraire par succession, au conjoint survivant et aux héritiers, ainsi que les règles relatives à la durée du droit s'appliquent à la propriété artistique.

CHAPITRE V

De la Contrefaçon artistique.

§ 1, — Caractère et importance de la contrefaçon dans les arts du dessin

La contrefaçon est la violation matérielle des droits qui résultent de la propriété artistique ou littéraire, et notamment du droit de reproduction et de répétition qui n'appartiennent qu'au titulaire de la propriété.

L'article 425 du Code pénal la définit ainsi :

« Toute édition d'écrits de composition musicale, de « peinture ou de toute autre production, imprimée ou « gravée en entier ou en partie au mépris des lois et « règlements relatifs à la propriété des auteurs, est une « contrefaçon ; et toute contrefaçon est un délit. »

La contrefaçon joue donc à l'égard de la propriété artistique le rôle que joue le vol à l'égard de la propriété matérielle, elle est la soustraction frauduleuse de la propriété artistique : mais son atteinte est plus grave parce que la contrefaçon renferme un élément immatériel que l'on ne trouve pas dans le vol, c'est l'atteinte au droit qu'a l'artiste de se dire l'auteur de son œuvre ; car le contrefacteur qui signe sa contrefaçon ne manquera pas de dire qu'il est le véritable auteur de l'original. Cependant cette circonstance n'est pas essentielle dans la contrefaçon.

Ce n'est malheureusement pas un délit bien rare que celui dont j'aborde en ce moment l'étude et beaucoup d'individus de nos jours font métier de la contrefaçon. C'est le fait qu'a exposé M. E. Bonnaffé tout en ajoutant d'ailleurs qu'elle n'a pas toujours été étrangère au développement de l'art (1) :

« La contrefaçon a donc pris ses aises, elle a tout en-
« vahi ; je ne vous parle pas de la peinture, c'est de
« l'histoire ancienne: A Rome on fait encore des préra-
« phaëlites très ressemblants, en Belgique des Mem-
« ling et des Van Eyck à la douzaine ; à Paris je connais
« une fabrique de Boucher qui a fait bien des vic-
« times..... Qui pourrait affirmer que ce soit un mal ?
« Interrogez la Renaissance: la typographie lyonnaise
« se forme en contrefaisant les Aldes ; les padouans
« apprennent leur métier en fabriquant des médailles
« antiques et les graveurs italiens en imitant les es-
« tampes et jusqu'au monogramme d'Albert Dürer.....
« Laissons donc à l'avenir le soin de faire la part de
« chacun, lui seul pourra dire si la contrefaçon mo-
« derne nous réserve des Gutemberg ou des Marc-An-
« toine. »

« D'ailleurs il faut tenir compte des circonstances :
« Dieu nous a donné une certaine dose de génie créa-
« teur: pour le moment la science a absorbé presque
« toute la provision, il n'en reste plus guère pour les
« arts. Que faire alors ? Ne pouvant créer on copie, et
« tandis que la peinture s'évertue à imiter un tapis turc,

____

(1) E. Bonnaffé. Paradoxes : La contrefaçon. *Gazette des Beaux-Arts*, 2ᵉ période, IX, p. 326; année 1874.

« un coup de canon, un tache de sang au point de faire
« illusion, l'industrie emboîte le pas et copie à son tour,
« aujourd'hui l'art grec, demain le rococo ou le moyen
« âge, tantôt la Renaissance, tantôt le Directoire, quand
« elle ne copie pas tous les styles ensemble pour s'épar-
« gner l'embarras du choix. Amenez maintenant sur le
« terrain la photographie et l'électricité avec leur attirail
« reproducteur, et dites-moi si la contrefaçon ne devait
« pas s'épanouir dans un sol si bien préparé. »

M. E. Bonnaffé a eu le mérite de dire là, sous une
forme légère des choses fort justes sur la contrefaçon.
Ce n'est en effet qu'une imitation poussée au dernier
degré puisqu'elle veut arriver à la confusion inévitable
avec l'œuvre même (1). C'est non seulement la science
qui a tout envahi, qui a développé les moyens de reproduction, c'est aussi le résultat obtenu qui a tenté les artistes peu scrupuleux. Il est inutile de répéter après tant
d'autres les exemples que l'on a cités d'originaux vendus
10 fois, 20 fois moins que le droit de reproduction ; la
reproduction industrielle, en enrichissant les artistes les
a environnés de plus grands dangers. On peut dire que
l'imitation dans la contrefaçon a atteint aujourd'hui son
suprême degré ; il n'est pas rare de trouver des individus
qui, comme le sculpteur de M. Bonnaffé, imitent des
trous de vers dans un meuble contrefait. L'auteur se propose de les surprendre en flagrant délit, la loi de les
punir.

Elle le fait, on l'a vu, dans l'article 425 du Code pénal dont j'ai rapporté le texte, à la fois dans le domaine

______

(1) Blanc. *Traité de la contrefaçon*, 1855, p. 283 et suiv. Allart,
Traité de la contrefaçon, 1889.

de la littérature et dans celui de l'art. Bien que les termes de l'article 425 du Code pénal ne soient pas très compréhensifs (« *Tout éditeur... de dessin, de peinture ou de toute autre production imprimée ou gravée...* »), on admet généralement que le législateur a voulu par là se référer au décret de 1793 et statuer sur la propriété artistique en général. Il y a donc lieu d'abandonner l'interprétation restrictive qui est la règle en matière pénale.

§ 2. — Généralités sur la contrefaçon.

Son étendue et sa portée

La contrefaçon étant qualifiée un délit, on ne comprend guère comment on ait pu soutenir avec un semblant de raison que le préjudice causé en est un élément essentiel (1). Cette opinion doit être rejetée pour la contrefaçon artistique comme pour toute autre contrefaçon, qu'on réduise le préjudice à la plus petite atteinte portée aux intérêts moraux, ou qu'on exige le préjudice matériel ; cette idée est contraire aux vrais principes du droit pénal.

Il faut encore repousser cette idée, parce qu'elle peut être une planche de salut pour les contrefacteurs les plus audacieux. En effet, je suppose qu'un individu fasse une photographie microscopique d'une œuvre de maître,

---

(1) En ce sens : Blanc, p. 187. Rendu et Delorme, n° 805. Le premier exige seulement que le préjudice soit possible, ceux-ci admettent qu'il peut être matériel ou moral. Gastambide ajoute qu'il suffit que la réputation de l'artiste soit en jeu.

la reproduise sur un boîtier de montre ; il ne manquera pas de dire qu'il n'a causé aucun préjudice matériel à l'artiste, ce préjudice étant pour ainsi dire inappréciable, et si on lui objecte le préjudice moral, il répondra victorieusement — il le croit du moins — que, loin de nuire à la réputation de l'artiste, il popularise son œuvre et met son nom dans toutes les bouches (1).

La jurisprudence déclare que le préjudice n'est qu'un élément de fixation des dommages-intérêts.

Mais la contrefaçon ne saurait exister indépendamment de la mauvaise foi du contrefacteur. Sans doute, la bonne foi sera très rare. Mais nous sommes ici en matière pénale ; les principes s'appliqueront et il n'y a pas à tirer d'arguments, comme on l'a fait dans l'opinion contraire, de la législation particulière des brevets d'invention (2) et d'ailleurs la bonne foi n'empêchera que les poursuites correctionnelles (3) ; elle laisse le prévenu exposé à l'action civile. On admet d'ailleurs, et la jurisprudence est dans ce sens, que le fait de la contrefaçon élève par lui-même contre son auteur une présomption de mauvaise foi qu'il ne peut détruire qu'en prouvant qu'il a été de bonne foi au moment de la création ou de l'achat, au moment de la vente, de la cession ou de l'exercice du droit de reproduction. Si la

______

(1) V. conclusions de l'avocat général, O. de Vallée, devant la Cour de Paris (Pat., 65, 7). Pouillet, p. 460.

(2) D'après la loi de 1844, qui est formelle sur ce point, la bonne foi n'exclut pas le délit.

(3) En ce sens : Rendu et Delorme, n° 806, et suiv. Nion, p. 55. Calmels, 617. Hélie et Chauveau, T. VI, p. 65. Pouillet, p. 466. En sens contraire : Pataille et Renouard, T. II, p. 13. Jurisprudence conforme à l'opinion que j'ai adoptée. Cass., 4 août 1888.

mauvaise foi résulte de la connaissance du droit de l'artiste, on ne peut dire que l'ignorance ou l'erreur à ce sujet établisse la bonne foi. L'erreur de droit n'est jamais admise, et l'erreur de fait devra être accompagnée de circonstances qui prouvent que le défendeur ne pouvait guère ne pas y tomber. Le juge du fait est d'ailleurs souverain sur la question (Jurisprudence conforme).

La bonne foi est le seul fait exclusif de la contrefaçon. Il ne saurait en être ainsi de la tolérance de l'auteur, qui peut être un fait de négligence, et de la permission d'un des collaborateurs (1). Elle peut être une des circonstances qui fera admettre la bonne foi, mais c'est tout. Il est évident que le caractère anonyme de l'œuvre n'autorise pas pour cela la contrefaçon, et l'on s'étonne qu'un jugement ait pu dire que l'ouvrage anonyme était une épave.

La violation du contrat par le cessionnaire n'est pas, en règle générale et aussi bien en matière artistique qu'en matière littéraire, un fait constitutif de la contrefaçon, pourvu toutefois que la bonne foi existe ; car, s'il n'y a pas bonne foi, on rencontre les trois éléments de la contrefaçon, la publication, l'absence du consentement de l'auteur, la mauvaise foi ; et la qualité du cessionnaire, au lieu d'être une excuse, est une aggravation du délit.

La tentative ne peut être punie en matière de contrefaçon, car il faut la représentation du corps du délit ou

---

(1) On verra plus loin la distinction qu'il y a lieu de faire au sujet de la collaboration.

la preuve qu'il a existé (Paris, 20 juin 1883. Pat. 84, p. 179). On a vu que la propriété artistique comprenait essentiellement, comme droits aliénables, le droit de reproduction de répétition, d'autoriser la reproduction à titre gracieux ; c'est l'atteinte à ces droits qui constituera la contrefaçon. Le titulaire de la propriété artistique a la protection de la loi pénale à ces trois points de vue, quel que soit le défendeur ; peu importe que ce soit l'auteur lui-même. On ne saurait donc dire avec quelque raison que la contrefaçon est essentiellement la reproduction non autorisée par l'auteur ; il vaut mieux dire que la contrefaçon artistique est le fait de copier ou de reproduire, sans l'autorisation du titulaire de la propriété artistique, une œuvre protégée par la loi de 1793.

Ce sera donc le fait de reproduire, non seulement une œuvre d'art originale, mais la copie d'une œuvre tombée dans le domaine public, le fait de reproduire une reproduction industrielle. Le sujet, l'idée n'étant pas protégés par la loi de 1793, il n'y aura pas contrefaçon à traiter le même sujet qu'un autre, la composition seule, quand elle se retrouve la même dans deux ouvrages, fait que l'un est au point de vue légal la copie de l'autre, la contrefaçon par conséquent au point de vue pénal. Toutes les autres différences ne sont d'aucune importance au point de vue de la contrefaçon. Copier exactement et jusqu'à la signature avec tous les détails, au vol ajouter l'effronterie, n'est pas un délit plus grave que les emprunts habilement dissimulés. Ce que je dis des différences s'applique *a fortiori* aux détails.

Jurisprudence conforme. (Paris, 21 nov. 1867. Pat.,

67, p. 354 ; Trib. correct. Seine, 24 nov. 1863. Pat., 63, p. 394 ; Paris, 1er févr. 1884. Pat., 85, p. 7.)

La jurisprudence admet sans difficulté que la reproduction partielle d'une composition constitue une contrefaçon. (Paris, 26 janv. 1887. Pat., 87, p. 147 (1) ; Paris, 28 févr. 1890. Pat., 90, p. 177.)

Enfin, j'ai dit que le droit de reproduction du titulaire de la propriété artistique embrassait tout le domaine de l'art, tous les moyens, même appartenant à une branche différente des beaux arts, ou s'y rattachant. C'est dire ici qu'il y aura contrefaçon possible de la sculpture par la peinture, et réciproquement. Comme le faisait remarquer M. E. Bonnaffé, son champ est des plus vastes ; pas une parcelle de la propriété artistique ne lui échappera ; elle l'attaquera par tous les points, comme la maladie constitutionnelle attaque le corps humain.

On a vu plus haut la loi du 9 février 1895 qui réprime l'usurpation du nom artistique. Il pourra arriver qu'on ait à appliquer cette loi concurremment avec l'article 425 du Code pénal, par exemple si l'œuvre contrefaite a été signée frauduleusement du nom d'un autre artiste. Dans ce cas, en vertu du principe de l'article 365 du Code d'instruction criminelle (non-cumul des peines), la peine la plus forte devra être seule prononcée ; or, l'article 427 du Code pénal prononce une amende dont le maximum est de 2,000 francs, l'article 1er de la loi du 9 février prononce une amende dont le maximum est de 3,000 francs ; par conséquent, c'est celle-ci qui devra

____

(1) V. également Paris, 2 février 1866. Pat., 66, 261.

être seule prononcée en vertu de ce principe que la peine la plus forte est celle dont le maximum est le plus élevé. L'article 365 du Code d'instruction criminelle s'applique d'ailleurs sans aucune difficulté à notre matière.

§ 3. — Faits constitutifs de la contrefaçon artistique

Les faits constitutifs de la contrefaçon artistique sont : la copie et la répétition, le surmoulage et le calque, la reproduction même par un art différent.

a) *La copie* doit être placée au premier rang des faits constitutifs de la contrefaçon ; non seulement elle s'attaque au droit de reproduction, mais encore à l'original lui-même avec lequel elle tend à établir une confusion, alors même qu'elle serait signée du nom du contrefacteur. La mention du nom du copiste, suivie des mots « d'après X... » (l'auteur de l'original), n'enlève pas à la copie le caractère de contrefaçon, car cette mention est un simple aveu de copie ; il n'empêche pas que celle-ci ait été faite sans droit, et au mépris de la propriété artistique de l'auteur ou de son cessionnaire. La copie, si elle s'attaque quelquefois à l'original, est avant tout au premier rang des moyens de reproduction ; c'est à celle-ci qu'elle porte d'abord atteinte. On excepte en général, dans la théorie, la copie faite dans un simple but d'étude, et cela avec raison ; mais il faut que cette copie n'entre pas dans le commerce, autrement il y aura

contrefaçon de la part de celui qui l'y aura fait entrer
On peut même aller plus loin et dire que la copie qui
reste dans l'atelier de l'artiste ne constitue jamais une
contrefaçon, sauf si elle en sort pour aller dans une exposition, pour être vendue, même au profit des créanciers ; c'est à ceux-ci à se renseigner avant de pratiquer
la saisie et la vente d'une copie trouvée dans un atelier (1).

Le fait de reproduire la composition générale d'un
ouvrage, en y ajoutant une critique, d'en faire un dessin
humoristique, ne constitue certainement pas une contrefaçon. Ce fait est parfaitement licite, il n'est que
l'exercice du droit de critique. C'est une chose contre
laquelle l'artiste ne peut rien ; le seul fait de publier
son ouvrage autorise ses contemporains à prononcer

---

(1) Trib. corr., 15 janvier 1836, *Gaz. Trib.*, 21 janvier. La copie
faite dans un but d'étude n'est pas une contrefaçon. Pouillet admet
cependant que celui qui a procédé à une copie ou à un surmoulage ou
qui la commandé à un ouvrier pour son usage personnel est un
contrefacteur. Cela semble bien difficile à admettre tout au moins
dans le premier cas. En effet la personne qui fera la copie ou le surmoulage sera en général un amateur, toujours plus ou moins tenté
de tapisser son appartement de ses œuvres ; on ne peut voir dans
ce fait qu'une vanité plus ou moins bien placée et non un intérêt
commercial, un but de spéculation. D'ailleurs dans l'opinion de
Pouillet, la distinction sera bien difficile à faire entre la copie faite
dans un but d'étude et celle qui serait faite pour l'usage personnel.
Dira-t on par exemple que pour être faite dans un but d'étude il ne
faut pas qu'elle soit exposée même dans l'atelier de l'artiste? Ou bien
dira-t-on que son exposition ne peut avoir lieu que dans cet atelier
et que si elle se trouve dans une autre partie de l'appartement elle
constitue une contrefaçon ? C'est là une distinction bien subtile et
bien périlleuse pour constituer un critérium juridique. Dans le second
cas aucun doute : l'opinion de Pouillet me semble très juste : on ne
fait pas une étude en employant le travail d'un tiers ; ce tiers en
tout cas travaille dans un but de spéculation. V. Pouillet, p. 550.

sur lui un jugement quelconque ; pourquoi serait-il défendu au caricaturiste d'exprimer son opinion ? sous une
forme légère de faire ressortir les défauts, les petits
travers, les exagérations de l'artiste, de critiquer sa méthode, de découvrir dans un tableau ou plutot d'imaginer
un quiproquo amusant ? Tout est permis dans cet ordre
d'idées, car on n'a affaire qu'à une critique et non à une
répétition.

b) *Le surmoulage et le calque* sont, comme on l'a vu,
deux copies simplifiées, l'une en sculpture, l'autre dans
le dessin et la peinture. Ce moyen de reproduction est à
la portée d'un grand nombre de personnes, parce qu'il
dispense d'un certain talent toujours nécessaire chez le
copiste. Mais les artistes y ont souvent recours, pour
reproduire plus fidèlement un de leurs ouvrages, et l'on
peut admettre en somme que l'on peut faire un calque
ou un surmoulage dans un but d'étude, tout comme une
copie.

c) *La reproduction*, même par un art différent, constitue également, on le sait, une contrefaçon quand elle
est faite au mépris des droits du titulaire de la propriété
artistique, quelle qu'en soit la perfection. C'est une idée
sur laquelle je crois m'être suffisamment expliqué. Peu
importe que, dans le domaine de l'art, on fasse une copie artistique « faite à la main », comme disent les profanes, d'après une reproduction industrielle ; peu importe que l'on fasse une peinture d'après photographie,
la contrefaçon existe ; les arts délinéatoires peuvent
contrefaire les arts plastiques et réciproquement. Il y

aura contrefaçon toutes les fois qu'il y aura reproduction sans droit d'une composition (1). Les différences n'excluent pas la contrefaçon, et, s'il est vrai de dire qu'il y a contrefaçon dans le fait de reproduire un fragment d'une composition, il faut encore ajouter qu'il y aura contrefaçon dans le fait de reproduire la totalité d'une composition en l'absorbant dans une plus grande. Et les dessinateurs de journaux illustrés, qui font passer aux yeux du public tel ou tel personnage comme leur œuvre personnelle, alors qu'il est simplement copié sur une œuvre quelconque, en le groupant avec d'autres également copiés, commettent en même temps qu'un plagiat, une contrefaçon éhontée dont ils auraient à répondre devant les tribunaux. Il faut sans hésitation appliquer ces principes à la copie par le dessin ou la peinture d'une photographie. La jurisprudence ne l'a pas toujours fait (2), elle a favorisé en cela les agissements d'une catégorie d'individus qui se dispensent d'études et ont une pratique suffisante pour imiter un portrait photographique, en faire un agrandissement, ou pour créer une composition où pas un élément n'est dû à leur travail personnel ; laisser subsister cet état de choses serait donner une prime au vol de la propriété artistique, qui est déjà trop florissant de nos jours.

Ce que je viens de dire ne saurait s'appliquer à l'artiste qui emploie une photographie à titre de document ; je l'ai déjà montré et je ne puis que renvoyer à ce que j'ai dit à ce sujet.

-----

(1) Paris, 20 juin 1893. Pat., 96. P. 47.

(2) Trib. corr. Seine, 17 avril 1885. Pat., 89, p. 146. Trib. civ. Seine, 4 janvier 1897, avec note G. de Maillard. Pat., 97, p. 144.

Mais que faut-il penser de la reproduction en tableaux vivants ?

Ce procédé s'applique à la sculpture, à la peinture ; on peut reproduire en tableaux vivants, une affiche, une peinture, un bas-relief, une statue. Il y a une chose qui frappe tout d'abord, c'est que ce procédé ne relève nullement des beaux arts, il n'exige pour sa réalisation qu'une exactitude scrupuleuse de lignes, de gestes et de couleurs, il ne demande aucune connaissance de l'art ni même des moyens qui s'y rattachent. Si l'on voulait le rapprocher d'un art quelconque ce serait bien plutôt de l'art dramatique que des arts plastiques ou délinéatoires. Il ne produit, au point de vue de la reproduction qu'une image passagère : il y a copie des gestes, des attitudes, des accessoires, il n'y a pas reproduction, parce que le procédé ne relève nullement de près ni de loin du domaine des beaux arts. Sans doute ce peut-être une source de bénéfices ; mais on n'apprécie pas le caractère d'un fait par ses conséquences pécuniaires. Il n'y a pas vol de la propriété artistique, parce qu'il faut pour là ravir un moyen propre à la créer. Dira-t-on que la reconstitution matérielle de la scène imaginée par l'artiste comme base de son ouvrage est une contrefaçon ? Il faudrait alors, pour être logique, interdire à tel chanteur, qui se fait une tête pour ressembler à un personnage connu, de se présenter sur la scène et surtout d'y prendre les mêmes attitudes, les mêmes gestes. La contrefaçon est à l'aise dans le domaine de l'art, il est inutile de la chercher ailleurs.

Au surplus, on peut dire qu'en dehors de ce domaine on ne trouve jamais une reproduction : on trouvera une ressemblance entre un élément matériel et l'idée, le sujet représenté par l'artiste ; ce n'est donc pas sa composition qui est reproduite car la composition est une chose qui ne se constitue pas uniquement avec des éléments matériels. Il faut en conclure que le photographe qui reproduit une scène de ce genre ne commet pas un fait de contrefaçon à l'égard de l'artiste ; il a simplement traité le même sujet (1).

Condition de la publication. — Je viens d'énumérer les faits constitutifs de la contrefaçon, ils ont tous besoin d'un complément, sans lequel ils ne réalisent qu'une tentative de contrefaçon, non punissable d'après la loi.

Ce complément nécessaire, c'est la publication. Tant qu'il n'y a pas publication, il ne peut y avoir qu'une tentative. La publication, on l'a déjà vu, consistera dans le fait de l'exposition ou de l'édition. Mais il importe de préciser à notre point de vue, le moment où l'édition se produit. On a prétendu, dans la doctrine, que la confection, l'achèvement de la planche gravée, du moule constituait le fait de l'édition (2). Il faut rejeter cette opinion ; ce n'est que le tirage qui peut constituer ce fait : lui seul prouve, en effet, le but commercial que s'est proposé le contrefacteur ; jusque-là, il peut en effet revenir sur son intention frauduleuse ; le tirage des épreuves constitue au contraire un fait accompli : il crée le corps du délit de la contrefaçon ; la planche, le moule ne sont que des instruments de contrefaçon.

____

. (1) Angleterre. *Reproduction par tableaux vivants*. Droit d'auteur, 95, 105 et Pat., 96, p. 215.

(2) En ce sens : Blanc, p. 307. Gasbambide. Rendu et Delorme, n° 908, et un arrêt de la Cour de Paris, 17 décembre 1847.

La jurisprudence est en ce sens : (Paris, 11 mars 1837, Dal., v° P. litt., n° 366. — T. corr., Seine, 6 avril 1883, *Gaz. Trib.*, 31 mai. — Paris, 20 juin 1883, Pat., 84, p. 179.)

Il est évident qu'il faut admettre que le tirage des épreuves interrompu par la saisie, constitue le fait de la contrefaçon ; il y a flagrant délit, et dès lors, il n'est plus besoin de rapporter le corps du délit (1).

§ 4. — Qui peut être contrefacteur

C'est l'auteur de la contrefaçon qui est nécessairement réputé contrefacteur, c'est donc celui en la personne de qui serait né le droit de propriété artistique qui sera sujet aux poursuites. Il faut cependant au cas de commande faire une exception. On a vu plus haut qu'il y avait commande, lorsqu'un artiste travaillait sous les ordres et la direction d'une personne qui était réputée légalement l'auteur de l'œuvre ; c'est cette personne elle-même qui sera réputée contrefacteur. Rien de plus juste en effet, ce sera souvent elle qui aura vraiment voulu la contrefaçon. C'est elle qui en est l'auteur intellectuel, et, fait malheureusement rare en droit criminel, elle sera réputée auteur principal, tandis que l'auteur intellectuel d'un délit ordinaire n'est en général poursuivi que comme complice.

L'auteur de l'original lui-même peut être réputé contrefacteur dans le cas où il a exécuté une répétition

_____

(1) Pouillet, 565.

de sa première œuvre aux dépens du droit du cessionnaire, il est alors considéré comme un tiers au point de vue de la propriété qu'il a aliénée : comme à tout autre il faut lui interdire la répétition, c'est-à-dire la copie, sauf dans un but d'étude ; on a vu que c'était cette idée qui justifiait la possession et même l'exhibition dans une exposition publique des études fragmentaires et des esquisses faites par l'artiste pour l'achèvement de son tableau ou de sa statue. Il ne pourrait les vendre car la répétition aurait alors un but commercial. La jurisprudence a admis que la répétition destinée à un musée pouvait être considérée comme faite dans un but d'études. On ne peut dire qu'il en soit toujours ainsi en principe, et suivant les circonstances, on pourra décider qu'il y a ou non contrefaçon. La spéculation sera la base sur laquelle le juge devra asseoir sa décision. (T. c., Seine, 27 juil. 1883, Pat., 87, p. 238.)

L'auteur peut encore être réputé contrefacteur s'il fait une seconde cession, de mauvaise foi, au mépris des droits d'un premier cessionnaire.

§ 5. — Contrefaçon en matière de collaboration

J'ai dit en principe que la permission d'un des collaborateurs n'était pas, indépendamment de la bonne foi, un fait exclusif de la contrefaçon.

Or on a vu plus haut qu'il y avait intérêt au point de vue du droit de reproduction, à distinguer deux sortes de collaboration artistique. L'une où le principe de l'indivisibilité est inflexible, l'autre où la division est possible.

Dans la collaboration entre artistes d'une même

branche, il faudra donc appliquer intégralement le principe : la bonne foi est nécessaire en dehors de la collaboration et elle ne peut résulter que de l'ignorance de l'existence d'un collaborateur, corroborée par des faits qui prouvent nécessairement que le reproducteur ou le copiste avait de justes motifs d'ignorer son existence, qu'il n'a pas pu ne pas l'ignorer.

Au contraire, je crois qu'il y a lieu d'admettre la bonne foi dans la plupart des cas, s'il s'agit d'une œuvre résultant d'un fait de collaboration de la seconde catégorie, d'un fait de collaboration entre sculpteur et architecte par exemple.

En effet, tant qu'il n'y a pas eu division du droit de reproduction, les règles de la collaboration s'appliquent. Dans ces conditions, celui qui reproduit, avec la seule autorisation du sculpteur, la partie du travail due à celui-ci, doit à mon sens être reconnu de bonne foi à l'égard de l'architecte ; il était naturel qu'il s'adressât à lui seul pour le genre de reproduction qu'il voulait faire, et le crût tacitement ou expressément autorisé par l'architecte à traiter seul de la reproduction de sa statue. Il en serait, sans doute, de même de celui qui, pour la reproduction de l'architecture seule, n'aura eu que la permission de l'architecte. Mais, dès qu'il s'agira de la reproduction totale, ou de la reproduction de la partie de l'œuvre relevant d'une branche de l'art à laquelle n'appartient pas celui qui a autorisé la reproduction, la règle de l'indivisibilité reprendra nécessairement son empire : il faudra dire que la permission d'un seul des collaborateurs n'est pas, à moins de bonne foi, exclusive de la contrefaçon.

Il faut appliquer les mêmes principes aux collaborateurs eux-mêmes, avec cette réserve que, s'il y a un contrat on devra l'appliquer aux parties et juger de leur bonne foi en tenant compte de ce contrat. La violation du contrat et des droits du collaborateur fera le plus souvent rejeter l'excuse de bonne foi.

§ 6. — FAITS ASSIMILÉS A LA CONTREFAÇON

L'article 426 du Code pénal assimile à la contrefaçon certains faits qui en sont le complément naturel, la raison d'être. Ce sont : la vente, qui est le but immédiat de la contrefaçon ; peu importe que la contrefaçon ait eu lieu à l'étranger ou que le débit soit fait en France à la destination de l'étranger ; l'exposition en vente, qui, d'après la majorité des auteurs, est un fait de débit de la marchandise contrefaite ; le fait de détenir en magasin une contrefaçon artistique, dans le but de la vendre, constitue, d'après la loi, un délit assimilé à la contrefaçon. Comme pour la vente elle-même, peu importe que la contrefaçon ait été faite à l'étranger ou que, faite en France, elle soit destinée à l'étranger. La jurisprudence a même décidé que le fait d'avoir en France à titre d'échantillon un éventail-type contrefait, d'offrir en vente des éventails semblables constituait une contrefaçon, bien que fabriqués à l'étranger ces éventails doivent être expédiés dans des pays autres que la France (1). (Paris, 26 janvier 1887 Pat., 87, p. 147).

Quant aux expositions publiques, la jurisprudence

______

(1) Il s'agissait de la reproduction partielle sur éventail, d'un tableau de Vibert, intitulé : « Une cour de diligence en Espagne ».

réprime la contrefaçon exposée dans une exposition industrielle, par conséquent les reproductions industrielles tomberont sous le coup de cette mesure. C'est avec raison qu'elle en décide ainsi. Une exposition industrielle est toujours faite dans un but de spéculation. Sans doute, les contrefacteurs pourront objecter qu'ils ne vendent pas les produits contrefaits ; mais le but est toujours de faire connaître la maison, d'obtenir des commandes, c'est donc un but commercial. Mais que faut-il décider pour une exposition des beaux arts ?

On ne peut dire en principe qu'une exposition des beaux arts soit, de la part des exposants, une pure spéculation, Les artistes qui exposent au Salon se soumettent bien plus à la critique qu'ils n'offrent leurs œuvres au public. On ne peut dire non plus que ce soit une chose tout à fait désintéressée, la réputation n'est de nos jours guère autre chose qu'un moyen d'arriver à la richesse. Il faudra donc distinguer suivant les cas ; on devra se baser sur ce fait que l'exposition ne peut être en elle-même réprimée, comme délit de contrefaçon que si elle est faite dans un but direct ou détourné de spéculation (1). Il n'est pas impossible d'ailleurs de l'établir, et il y a bien des indices certains du caractère de spéculation : pour n'en citer qu'un, la mention du prix de l'ouvrage sur le catalogue de l'exposition, ou sur un certain nombre des exemplaires de ce catalogue, sera un indice certain du but commercial de la contrefaçon (2).

---

(1) Paris, 20 déc. 1894. Pat., 95. p. 188.

(2 Renouard, t. II. p. 53. Gastambide, Rendu et Delorme, n° 822. Blanc, p. 183. Allart. *Traité de la contrefaçon*. Pouillet, p. 570 et suiv. Hélie et Chauveau, Calmels.

Enfin l'introduction en France d'ouvrages contrefaits à l'étranger constitue un délit spécial assimilé à la contrefaçon (426, Code pénal). Ce délit existe d'après la doctrine et la jurisprudence en matière de propriété artistique comme en matière littéraire, bien que l'article en question ne parle que d'ouvrages imprimés (1).

Complicité. — Les règles générales de la complicité s'appliquent ici : on admet la complicité à l'égard de l'éditeur, du cessionnaire, pourvu qu'ils soient de mauvaise foi, on admet que l'artiste n'est que complice en cas de commande, mais on n'admet pas la complicité à l'égard de l'ouvrier à moins qu'il n'ait travaillé en connaissance de cause (Paris, 6 avril 1850. Dall., p. 52, 2, 159. Dijon, 15 avril 1847. Dall., p. 48, 2, 178.)

La distinction entre l'artiste attaché à une maison et l'ouvrier qui a sa tâche spéciale toujours la même, sera d'ailleurs toujours facile à faire.

La jurisprudence se montre actuellement très sévère à l'égard des éditeurs et des imprimeurs, tous les arrêts en la matière repoussent en général la bonne foi à leur égard ; la réputation de l'ouvrage, leur profession, les renseignements dont ils auraient dû s'entourer, les formalités du dépôt qu'ils n'auraient pas accomplies, sont autant de motifs pour elle de leur refuser la bonne foi. Elle a en cela agi fort justement, car, si les artistes sont souvent ignorants de leur droit, les éditeurs, par contre, ne semblent nullement ignorer la loi, ils ont soin, dans leurs contrats avec les artistes, de se faire une part quelque peu léonine ; la jurisprudence leur

____

(1) Jurisprudence : Pouillet, p. 578.

dit : vous savez utiliser le Code civil, vous n'ignorez donc pas les précautions à prendre pour échapper à la loi p´nale (Trib. corr. Seine, 21 mars 1839, *Gaz. Trib.*, 22 mars ; Trib. corr. Seine, 8 août 1865. Pat., 65, p. 316 ; Paris, 11 déc. 1857, Pat., 58, p. 287 ; Paris, 29 Janv. 1886. Pat., 87, p. 143 ; Douai, 25 avril 1887. Pat., 87, p. 287 ; Cass., 13 mai 1890. Pat., 92, p. 86 ; Paris, 20 mai 1889. Pat., 93, p. 225).

Les peines du recel sont d'ailleurs applicables ; si l'acheteur était de bonne foi, il aurait un recours en garantie contre son vendeur ou son cédant.

§ 7. — Droit de poursuite. — Dépot

Le droit de poursuite appartient, cela va sans dire, au titulaire de la propriété artistique ; il appartient encore à l'artiste qui a cédé son droit de propriété artistique. On a vu plus haut, en effet, qu'il fallait ranger ce droit au nombre de ceux qui restaient à l'artiste malgré la cession. Il est le complément nécessaire du droit de se dire l'auteur d'une œuvre quelconque, sa conséquence directe au point de vue pénal. La jurisprudence est en sens contraire, tout au moins quand il y a eu cession totale (1). Mais les auteurs décident en général que la

---

(1) Paris, 6 avril 1850. Dall., p. 52, 2, 159. Trib. corr. Seine, 5 fév. 1891. Pat., 92. p. 193. Trib. civ. Seine, 24 fév. 1894. Pat., 95, p. 279. Ce jugement a admis pour l'artiste, non la poursuite en contrefaçon, mais une action civile en dommages-intérêts non pour le fait même de la contrefaçon, mais pour le préjudice causé par l'apposition de la signature du contrefacteur au bas de la reproduction. L'artiste ne peut dans ce cas réclamer que la suppression de la signature (Il s'agissait dans l'espèce d'un dessin de Dick de Lonlay, intitulé : « au Drapeau », qui était la contrefaçon d'un autre de Sergent ; celui-ci actionnait l'éditeur de Dick de Lonlay, devant le Tribunal civil.)

cession totale ne fait pas perdre le droit de poursuivre en justice les contrefacteurs. Ceux-ci ont commis en effet un vol de la propriété du cessionnaire, mais ils ont en même temps porté le plus grave préjudice à la réputation de l'artiste, mutilé son œuvre par une reproduction éhontée et d'ailleurs souvent maladroite, comme cela est arrivé dans une espèce jugée par le tribunal civil de la Seine, le 24 février 1894. Peut-on dire dès lors que ce délit commis contre un bien, ne le soit pas aussi en partie contre la personne ? Et comment admettre que ce tribunal ait pu repousser toute idée de contrefaçon, ne prononcer que l'enlèvement de la signature du contrefacteur et une condamnation à des dommages-intérêts! Il suffira dès lors de la négligence ou du défaut d'intérêt du cessionnaire pour assurer l'impunité à l'auteur de la contrefaçon; il y a bien, il est vrai, le droit de poursuite du ministère public, mais en pratique celui-ci n'agira jamais que sur une plainte du titulaire de la propriété artistique.

L'action en contrefaçon est une action personnelle : elle atteint l'artiste dans son honneur, il faut donc l'accorder à l'artiste qui a cédé son droit, à la femme mariée, au mineur, au failli (Jurisprudence conforme sur ces trois derniers points (Paris, 25 janvier 1887. Pat., 1888, p. 187).

La poursuite en contrefaçon appartient évidemment à celui qui est signataire de l'œuvre, peu importe qu'il n'en soit que l'auteur apparent. Cette règle s'applique à la commande : c'est celui qui a commandé l'ouvrage, au sens que j'ai dit plus haut, qui pourra seul poursuivre

en contrefaçon. La théorie que j'ai repoussée à propos
des portraits, illustration, fresque, etc., conduit ici à
décider que, dans tous les cas, le droit de poursuite
appartient au maître de l'ouvrage et non pas à l'artiste.
Il faut, pour être logique, le décider ainsi. C'est ce que
dit Pataille qui adopte, en matière de portraits, une
solution opposée à celle-ci ; il décide que les portraits
sont une propriété privée et que le photographe entre
autres, pour poursuivre en contrefaçon doit établir non
seulement qu'il est l'auteur, mais que la personne qui a
posé lui a cédé le droit de reproduction (1).

La jurisprudence qui, on l'a vu ne reconnaît pas à
l'auteur d'un portrait la propriété artistique, a repoussé
les conséquences logiques de son système, en disant
que cette restriction ne touchait qu'à l'exploitation du
droit, ou bien que le silence des personnes faisait au
cas de contrefaçon présumer une renonciation de droit
de leur part au profit de l'auteur. Elle s'est dans tous
les cas retranchée derrière cette maxime, que la personne poursuivie en contrefaçon ne peut discuter la propriété méconnue par elle que pour l'établir à son profit.
Ces faux-fuyants qu'a employés la jurisprudence montrent qu'elle s'est aperçue, que ses principes en matière
de commande la conduiraient un peu trop loin, elle a
mieux aimé y faire exception que de les renier tout à
fait. Elle s'est déjà beaucoup avancée en décidant que
la seule permission de la personne représentée enlevait
à la reproduction le caractère de contrefaçon ; le corollaire exact de cette opinion serait que la reproduction

---

(2) Pataille, 69, p. 102.

par l'auteur, constituerait une contrefaçon quand elle est
faite sans le consentement de la personne, or, la jurisprudence déclare formellement que ce n'est pas un fait
illicite ! Enfin la solution des tribunaux est encore plus
bizarre si on la rapproche de celle de l'affaire Dick de
Lonlay, et, tandis qu'elle refuse à Sergent non seulement le droit de poursuite mais même le droit de se
dire victime d'une contrefaçon, lui en qui est né la propriété artistique, et qui l'a cédée, elle admet que le
photographe ou l'auteur d'un portrait, sans avoir jamais
eu, selon elle, la propriété artistique, pourra poursuivre
les contrefacteurs en vertu d'une renonciation tacite du
modèle ; c'est dire qu'une renonciation tacite peut faire
acquérir un droit, et qu'elle ne peut conduire à penser
qu'il a été conservé malgré une aliénation. Dire enfin
que le refus de la propriété artistique ne touche qu'à
l'exploitation du droit, c'est dire que cette propriété est
une chose au point de vue civil et une autre au point de
vue pénal. (Paris, 12 juin 1863, Pat., 63, p. 225. Rej.,
15 janvier 1864, Pat., 64, p. 125. — Paris, 10 avril
1862, Pat., 62, p. 113.) [1].

Mais il faut ajouter que la poursuite en contrefaçon
ne peut, au civil comme au correctionnel, être exercée
que si l'on a rempli la formalité du dépôt en matière
artistique.

La matière fut d'abord régie par la loi de 1793 elle-

___

(1) Le Tribunal de la Seine, à également, le 5 mai 1894, reconnu
au photographe seul le droit de poursuivre les contrefacteurs, il a
repoussé la prétention d'une dame qui voulait pousser un peu trop
loin la logique de Pataille, et poursuivre les reproducteurs des photographies de ses chiens (en leur nom, sans doute) (Pat., 94, p. 537).

même qui exigeait le dépôt de deux exemplaires pour toutes les gravures. Pour les gravures sans texte, il y eut une modification, l'article 8 de l'ordonnance de 1814 et l'ordonnance du 9 janvier 1828 portèrent d'abord à cinq puis à trois seulement le nombre des exemplaires qui devaient être déposés pour les gravures sans texte seulement (1).

C'est la loi du 29 juillet 1881 qui régit aujourd'hui la matière : elle fixe à trois le nombre des exemplaires à déposer (art. 4.) C'est l'imprimeur qui est tenu d'effectuer ce dépôt à peine d'amende (art. 3). La loi parle d'estampes : il faut prendre cette expression dans un sens large, et l'entendre de tout ce qui se rattache à la gravure, et entre autres, des moyens de reproduction dérivés de la photographie. Elle s'exprime d'ailleurs sur ce point. Elle s'applique aux épreuves photographiques qui, à raison de leur multiplicité peuvent être l'objet d'un dépôt (art. 4.) La loi ne dispose que sur les moyens de reproduction qui se rattachent à la gravure. Elle ne s'applique donc pas aux œuvres originales, ni à la peinture, ni à la sculpture ; le dépôt n'est d'ailleurs pas possible dans ce cas, et l'on ne peut obliger l'artiste à se copier lui-même pour effectuer le dépôt.

Ce point ne fait d'ailleurs aucun doute en doctrine ni en jurisprudence.

A l'égard de la sculpture industrielle, la distinction des modèles de fabrique et des œuvres d'art, la question

____

(1) Toutefois il y avait controverse, certains auteurs décidaient que l'ordonnance de 1828 avait une portée générale et s'appliquait même aux gravures avec texte. La jurisprudence a adopté cette manière de voir. En ce sens : Rendu et Delorme, n° 895. Pataille, 67, 185. Calmels, n° 202. Contra Pouillet, p. 446.

d'application de la loi de 1793 et de la loi de 1806, a un intérêt particulier : c'est que le dépôt exigé par la loi de 1806 ne l'est pas si l'on rentre dans les termes de la loi de 1793. La jurisprudence, on le sait, applique en général la loi de 1806 et exige le dépôt : au contraire la doctrine voit dans les exemplaires de sculpture industrielle des œuvres d'art, et la sculpture n'étant pas soumise au dépôt, l'opinion que j'ai adoptée conduit nécessairement à les en dispenser.

Le dépôt est la condition essentielle de l'exercice du droit de poursuite ou contrefaçon, le prévenu pourra donc s'en prévaloir, mais il n'en est pas de même du droit de poursuivre lui-même ; le prévenu ne pourra se prévaloir du défaut de ce droit chez son poursuivant, que pour arriver à établir un droit contraire à son profit ; on ne saurait, par exemple, lui reconnaître la qualité de tiers au point de vue de l'article 1328 (Date certaine) que s'il veut prouver une cession à son profit : c'est là une règle qui n'est pas particulière à la propriété artistique dans les arts du dessin, et il est inutile d'insister sur ce point.

Le droit de poursuivre appartiendra encore comme en toute matière de contrefaçon, au ministère public, au cessionnaire, excepté s'il n'est cessionnaire qu'à titre gracieux (Paris 11 mai 1886. Pat., 86 p. 225), au conjoint survivant, et aux héritiers comme au cas de propriété littéraire. Il faut même admettre, comme pour leur auteur, que ce droit, subsiste malgré la cession totale, malgré le partage des droits, car la réputation de l'artiste dont ils sont les gardiens, le nom dont ils héritent, justifient suffisamment ce maintien.

§ 8. — Saisie et Peines

La saisie est le préliminaire ordinaire mais non obligatoire de la poursuite en contrefaçon ; elle se fait par ministère du commissaire de police, et, à son défaut, du juge de paix ; les règles générales s'appliquent ici. J'ajouterai seulement que la saisie peut avoir lieu à la Bibliothèque nationale, si l'ouvrage a été déposé et dans l'enceinte même d'une exposition des beaux arts ; peu importe qu'elle soit internationale ou non. L'œuvre contrefaite à l'étranger et qui échappait jusque-là à la loi française, n'est pas devenue légitime pour cela (1).

La saisie en matière artistique portera non seulement sur les objets argués de contrefaçon (2), mais sur les instruments mêmes de la contrefaçon. On ne peut songer à saisir le marteau, le ciseau, la palette, le pinceau, la boîte de couleurs, mais seulement les instruments directs de la contrefaçon, ceux qui n'ont pu servir qu'à la perpétrer ; ce sont : la maquette, les esquisses, les études fragmentaires, les photographies de l'œuvre contrefaite qui seraient trouvées dans l'atelier, les planches et moules, la matrice d'une lithographie en couleurs, les zincs, etc.

Il y a discussion au sujet de la saisie des livres de

(1) Trib. corr. Seine, 19 août 1868, Pat., 68, p. 491. La saisie peut avoir lieu même dans un pavillon réservé à un pays étranger ; il n'échappe pas pour cela à la loi française.

(2) En pratique, on ne saisit pas la totalité d'un tirage, on se contente d'en saisir quelques épreuves considérées comme types, et l'on met le reste sous scellés (art. 68 et 69 C. i. c.). Pouillet, p. 610.

commerce, mais la question n'intéresse pas spécialement les arts du dessin.

Sans parler de la peine de l'amende, qui est la même pour la contrefaçon artistique, que pour la contrefaçon littéraire, il faut dire que la confiscation qui en est l'accessoire au point de vue civil devra être appliquée dans tous les cas où elle sera possible, elle a pour but de retirer de la circulation des objets qui portent en eux-mêmes la tare ineffaçable d'un délit, sont une fausse-monnaie artistique.

Mais il y a des cas où la confiscation ne sera pas possible, par exemple en cas de fresques, de monuments funèbres, d'immeubles par nature. S'il s'agissait d'un immeuble par destination la confiscation pourrait avoir lieu. Il faudra, dans ce cas, prononcer la destruction, à condition toutefois qu'elle n'ait pas des conséquences trop graves ; elle sera possible, par exemple, pour les fresques. S'il avait contrefaçon partielle, il faudrait ordonner au lieu de la destruction totale, la suppression de la partie arguée de contrefaçon. Cette règle trouvera son application au cas où la contrefaçon aurait été commise par un artiste collaborant avec un autre appartenant à une autre branche de l'art ; on pratiquera la confiscation partielle ou la destruction de statues ou ornements de sculpture appliquées à un édifice. Si la destruction devait porter sur une partie importante de l'ouvrage, alors qu'il n'y a eu que contrefaçon partielle, il y aurait lieu à une réduction de dommages-intérêts (1).

----

(1) En ce sens : Pouillet, p. 645. V. Paris, 2 mars 1843, 11 déc. 1857. Pat., 58, 287. Paris, 1er juin 1864. Pat , 64, p. 236.

La confiscation porte, comme la saisie, sur les instruments de la contrefaçon. Les règles de la contrefaçon littéraire sont applicables à la propriété artistique en matière de procédure, de compétence (2), de prescription de dommages-intérêts, et de solidarité.

(8) Application des règles de la compétence commerciale : Le photographe bien qu'il fasse œuvre d'artiste est un commerçant tout au moins quand il est photographe de profession. Bigeon : *La photographie et le droit*, p. 147 et suiv. Application des règles de la compétence des tribunaux militaires, aux militaires prévenus de contrefaçon.

CHAPITRE VI

Droit comparé.

§ 1. — Généralités et Division

Au point de vue du droit international, les artistes étrangers comme d'ailleurs les écrivains et les musiciens sont protégés en France par la convention de Berne pour ceux dont le pays appartient à l'Union, par les traités conclus avec la France par leurs pays, et à défaut de convention et de traités par le décret de 1852.

La convention de Berne du 8 septembre 1886, conclue entre plusieurs états de l'Europe dont faisait partie la France, a été le premier pas fait dans la voie de l'unification législative en matière de propriété littéraire et artistique. Elle est due à l'initiative de l'*Association littéraire et artistique internationale*, la même qui a créé à Berne un bureau international, destiné à publier en langue française tous les renseignements relatifs à la propriété littéraire et artistique. Cette publication s'appelle « le *Droit d'auteur*. »

Une grande partie des nations européennes ont adhéré à la Convention de Berne, ce sont à l'heure qu'il est : l'Allemagne, l'Angleterre, la Belgique, l'Espagne, la France, l'Italie, le Luxembourg, la principauté de Monaco, le Monténégro, la Norvège, la République d'Haïti, la Suisse et la Tunisie.

Sans examiner à fond les questions que peut soulever l'application de la Convention de Berne, on peut dire qu'elle a pour but d'assurer dans les pays contractants un minimum de protection aux artistes : car rien n'empêche en outre les Etats qui en font partie de faire entre eux des traités pour l'extension des droits qui résultent de la Convention. L'auteur qui appartient par sa nationalité à un pays de l'Union et qui a publié dans un pays de l'Union, se voit assuré dans un autre, de la protection que cet état lui-même accorde à ses nationaux. La seule condition que l'on exige de lui est qu'il ait rempli les formalités de dépôts ou d'enregistrement qui seraient prescrites par le pays d'origine de l'œuvre. La Convention énumère longuement quelles sont les œuvres protégées, (art. 4) cette énumération a la prétention d'être complète, et d'ailleurs les discussions préparatoires montrent qu'elle doit être interprétée dans le sens restrictif. Or elle ne mentionne pas la photographie. Il faudrait en conclure que celle-ci ne bénéficie pas de la Convention. Mais l'article 1ᵉʳ du protocole de clôture la protège avec une réserve pour certains pays, en disposant :

« Au sujet de l'article 4, il est convenu que ceux des pays de l'Union ou le caractère d'œuvres artistiques n'est pas refusé aux œuvres photographiques, s'engagent à les admettre, à partir de la mise en vigueur de la Convention conclue en date de ce jour, au bénéfice de ses dispositions..... »

Cette disposition a été introduite à la suite de la discussion qui s'était élevée entre la délégation française appuyée par la délégation suisse d'une part, et la délégation allemande d'autre part, les deux premières demandant l'inscription dans l'article 4 du mot photographie, celle-si s'y refusant absolument. On a fait remarquer à juste raison, que dans les pays qui ne reconnaissent pas aux œuvres photographiques le caractère artistique, le photographe étranger n'est plus protégé du tout, à moins que la loi spéciale du pays ne le vise expressément.

L'article 14, 4° contient des dispositions transitoires dont l'application est intéressante au point de vue artistique ; il vise le cas où, au moment de l'entrée en vigueur de la Convention, le droit d'un artiste n'est pas encore tombé dans le domaine public, et décide que l'auteur pourra s'en prévaloir dans les autres pays. Mais on ajoute que la publication qui était légitime, le tirage qui a pu être fait avant l'entrée en vigueur, constituent un droit acquis. Le reproducteur a-t-il dès lors le droit non seulement de vendre les épreuves obtenues avant l'entrée en vigueur de la Convention, mais de faire encore de nouveaux tirages d'utiliser par la suite les planches ou les clichés ? La Convention renvoie de ce fait aux conventions particulières qui étaient intervenues ou restaient à conclure entre les différents Etats. La France a conclu des arrangements particuliers avec la plupart des pays de l'Union à ce sujet.

Il en résulte que le droit acquis doit être respecté et que rien ne peut dans la Convention y porter préjudice.

Mais qu'est-ce que l'on entend par droit acquis ? Il faut d'abord établir une chose hors de toute discusion, c'est que la planche, la matrice, le cliché qui ont été faits pour la reproduction restent la propriété de celui qui les possède ; on ne peut l'en dépouiller : elle lui sera d'ailleurs utile au moment où l'œuvre tombera dans le domaine public. Le fait accompli, l'exercice de la propriété artistique constituera également à son profit un droit acquis ; s'il a fait son tirage avant la mise en vigueur de la Convention, il pourra, sans contredit, l'écouler après. Le fait de l'exercice de la propriété artistique est celui du tirage bien plutôt que de la vente, on l'a vu plus haut, notamment à propos de la contrefaçon. Mais il faut s'arrêter là et ne pas lui permettre de faire de nombreux tirages nouveaux, malgré la mise en vigueur de la Convention ; cette interprétation a cependant été émise par les tribunaux anglais qui autorisaient même la réparation des pierres et des planches en se contentant d'interdire la fabrication de nouvelles pierres ou de nouveaux clichés.

La France a conclu des traités particuliers avec l'Autriche-Hongrie (11 décembre 1866 et 18 février 1884), la Bolivie (8 septembre 1887), le Mexique (Traité du 27 novembre 1886, qui stipule pour les Français au Mexique et les Mexicains en France le traitement de la nation la plus favorisée), les Pays-Bas (29 mars 1855 ; avec arrangement complémentaire le 27 avril 1860 et remise en vigueur le 19 avril 1885), le Portugal (11 juillet 1866), la Roumanie (28 février 1893 qui contient la la clause de la nation la plus favorisée), le Salvador (2 juin 1880) [1].

______

(1) Le Salvador n'a pas de législation en matière de propriété artistique ; la convention détermine la protection de nos nationaux et la répression de la contrefaçon.

La France a conclu un traité avec le Brésil, le 31 janvier 1891, mais il a rencontré une vive opposition dans ce pays ce qui en a retardé l'application.

Enfin il y a des pays, très nombreux encore, qui ne font pas partie de l'union de Berne et n'ont de plus avec la France aucun traité, par exemple en Europe : la Serbie, la Turquie, la Suède, la Grèce et la Russie ; en dehors de l'Europe : les Etats-Unis, le Japon, l'Egypte et les Etats de l'Amérique du Sud, sauf le Brésil.

Or, pour examiner la situation d'un artiste étranger il faut considérer à quel pays il appartient ; s'il appartient à un de ceux de la première catégorie on devra lui appliquer uniquement la Convention de Berne en la complétant par les arrangements intervenus entre la France et son pays, qui auraient pour but d'étendre la protection accordée par cette Convention.

S'il appartient à un pays de la seconde catégorie, il faudra lui appliquer la convention intervenue entre la France et sa nation.

Enfin l'artiste d'un pays de la troisième catégorie n'est pas laissé par la loi française sans protection, le décret de 1852 est applicable aux étrangers et aussi bien aux artistes qu'aux écrivains. Il leur assure la protection de la loi française même quand la publication a eu lieu à l'étranger. L'artiste étranger pourra ainsi avoir plus de droits en France que dans son propre pays. Toutefois la question est sujette à controverse (1), mais les termes généraux du décret permettent de l'admettre ; d'ailleurs la loi française considère la propriété artistique comme existant indépendamment de tous textes de lois ; elle est du droit des gens, l'usurpation en est illicite et la

____

(1) Trib. civ. Seine, 4 fév. 1891. Pat., 92, 352.

contrefaçon, qui est un délit, tombe certainement sous le coup de la loi française.

La condition exigée est seulement la formalité du dépôt conformément à la loi française ; c'est là une différence importante avec la convention de Berne qui n'exige le dépôt que conformément à la législation du pays de la publication (1).

On s'accorde d'ailleurs généralement à reconnaître dans la doctrine que le décret de 1852 est applicable à l'artiste étranger de la catégorie précédente, au cas où la convention ne lui garantit pas les droits que lui assure ce décret. (2).

S'il importait, d'exposer ces règles au point de vue des artistes étrangers, il faut en ce qui touche les artistes français, examiner l'état des législations étrangères, de celles surtout de la première catégorie puisque leurs règles seraient appliquées aux artistes français, celles également de la seconde catégorie, car les traités stipulent en général, soit la clause de la nation la plus favorisée, soit celle de la réciprocité ; enfin, je parlerai des législations ou de l'absence de législation des pays de la troisième catégorie pour compléter cette étude de droit comparé.

§ 2. — PAYS QUI FONT PARTIE DE L'UNION DE BERNE

1. *Allemagne* (2). — L'Allemagne a une loi spéciale

---

(1) V. cependant en sens contraire : Duvergier dans Pat., 60, 33.
(2) Lyon-Caen et Delalain. t. II, p. 250.

sur la propriété artistique du 9 janvier 1876. Le droit
des artistes a la même durée que celui des écrivains ; la
propriété artistisque s'applique aux arts proprement dits,
sauf à l'architecture. L'application à l'industrie est
protégée non par cette loi mais par la loi sur les dessins et modèles de fabrique.

L'aliénation n'entraîne pas cession du droit de reproduction, sauf pour les portraits.

La photographie n'est pas rangée parmi les arts protégés par la loi ; elle a fait l'objet d'une loi spéciale du
10 janvier 1876 qui est d'ailleurs applicable à tous les
procédés dérivés de la photographie, Cette loi déclare
que la photographie n'est ni un art, ni une industrie,
mais elle la qualifie d'industrie artistique. Elle n'est
d'ailleurs protégée que pendant 5 ans et à l'égard des
moyens de reproductions dit mécaniques.

La loi du 10 janvier ne s'applique pas aux photographies qui sont la reproduction d'œuvres d'art,
celles-ci sont assimiliés par la loi aux gravures, et c'est
la loi du 9 janvier qui leur est applicable (1-2).

Au point de vue international, la loi du 9 janvier 1876
s'applique aux ouvrages parus même à l'étranger, s'ils
ont pour auteur un artiste allemand ; la loi du 9 jau-

---

(1) La loi allemande sur la photographie n'a pas été sans soulever
des critiques très vives, malgré son apparente libéralité. La société
des photographes allemands a présenté à la Diète un projet de revi-
sion portant notamment sur l'extension de la durée du droit (de cinq
à quinze ans) et l'interdiction de la reproduction par tous les moyens
même non mécaniques ; un artiste peut en effet sous l'empire de la
loi actuelle copier une photographie et mettre en vente des reproductions de sa copie, car il répondra que sa reproduction a été faite
par des moyens non mécaniques.

(2) Lyon-Caen et Delalain. t. 1, p. 78 et 90. Bigeon, p. 234.

vier 1876 déclare dans son article 20 que les œuvres des artistes étrangers ne bénéficient de sa protection que si elles paraissent chez un éditeur allemand ; elle protège, les œuvres artistiques paraissant dans un pays ayant appartenu à l'ancienne confédération germanique et sous condition de réciprocité, s'il n'appartient pas à l'empire allemand. L'Allemagne a conclu un traité avec la France le 19 avril 1883 pour remplacer les dispositions des différents traités conclu avec les États et l'article 11 du traité du 19 mai 1871.

11. *Angleterre* (1). — La loi du 29 juillet 1862 a été rendue spécialement pour les œuvres artistiques, qui donnent lieu à un droit de reproduction dont la durée est la même que celle du droit de propriété littéraire, excepté pour la sculpture où elle est seulement de 14 ans à partir de la publication. Si l'auteur vit encore, passé ce délai il a droit à la protection de la loi pendant 14 nouvelles années, de sorte que le maximum du droit pour lui et ses héritiers est de 28 ans. La photographie est mentionnée par la loi parmi les œuvres d'art. L'aliénation de l'œuvre elle-même dépouille l'artiste de son droit de reproduction, ainsi d'ailleurs que du droit de répétition, mais l'acquéreur n'est pas cessionnaire du droit de reproduction : il ne peut l'exercer qu'en vertu d'une convention formelle (2).

Les traités conclus par la France avec l'Angleterre ont été dépouillés de tout effet par la Convention de Berne.

---

(1) Lyon-Caen et Delalain, t. 1, p. 310.
(2) Pat., 64, 145.

III. *Belgique*. — La durée du droit de propriété artistique est la même en Belgique qu'en France, la loi du 22 mars 1886 applique d'ailleurs à la propriété artistique les règles générales de la propriété littéraire qui sont contenues dans la même loi.

Au point de vue théorique, la loi du 22 mars 1886 est conçue dans un esprit tout à fait différent de la loi de 1793. Elle est directement inspirée de la théorie des droits intellectuels de M. Picard : elle protège la pensée elle-même, autant que sa manifestation artistique. Elle ne s'oppose, d'ailleurs, pas d'une façon absolue à la protection des œuvres photographiques. Mais elle ne consacre le droit de propriété que sur les œuvres d'un caractère artistique ; la situation est la même qu'en France, la jurisprudence subordonne l'application de la loi à la question de fait. D'abord favorable aux photographes, elle s'est ensuite tournée contre eux tout récemment par un jugement du 11 avril 1893 (1).

L'aliénation de l'œuvre d'art n'entraîne pas cession du droit de reproduction au profit de l'acquéreur.

La Belgique a dénoncé le traité du 31 octobre 1881 qu'elle avait avec la France. Les rapports des deux pays ne sont donc plus réglés que par la convention de Berne (2).

IV. *Espagne* (3). — La loi générale sur la propriété intellectuelle du 12 janvier 1879 protège les œuvres artistiques, en y comprenant l'architecture, les cartes et

---

(1) Bigeon, p. 242.
(2) Lyon, Caen et Delalain, t. I, p. 171.
(3) Lyon, Caen et Delalain, t. I, p. 207.

les plans, elle protège donc également la photographie,
surtout étant donnée la formule large de l'art. 1er. L'a-
liénation d'une œuvre d'art n'emporte pas cession du
droit de reproduction pour l'acquéreur, ni même du
droit d'exposition. Le dépôt est obligatoire, excepté
pour la peinture, la sculpture, l'architecture, la topo-
graphie. S'il n'a pas été exécuté, l'œuvre tombe pour
dix ans dans le domaine public.

L'Espagne applique aux étrangers le principe de la
réciprocité. Elle a conclu avec la France une convention
en date du 16 juin 1880.

V. *Italie.* — Il n'y a pas de disposition particulière
à la propriété artistique dans le décret du 19 mai 1882.
Elle a une durée identique à celle de la propriété littéraire. Elle est, comme elle, soumise dans tous les cas
au dépôt ; si le dépôt est impossible, pour les œuvres de
sculpture, de peinture, par exemple, il devra être remplacé par celui de la reproduction photographique de
l'ouvrage. Comme en Espagne, le dépôt est exigé à
peine de déchéance totale ; il peut toutefois intervenir
utilement pendant dix ans à partir de la publication.
La loi, on le voit, est excessivement générale et on peut
se demander si les œuvres photographiques sont protégées. Mais un décret du 6 août 1893 a étendu la protection légale aux œuvres photographiques, en les
soumettant au dépôt (1).

Le gouvernement italien s'est opposé, il y a une di-
zaine d'années, à la sortie de son territoire d'un certain

---

(1) Bigeon, p. 264.

nombre d'œuvres d'art qui faisaient partie des galeries Borghèse et Sciarra ; on a parlé, à propos de cet acte du gouvernement italien, de l'Édit Pacca qui n'a que des rapports très lointains avec la question, on a parlé plus justement de fidéicommis qui grevaient les galeries de certains palais ; il y avait une sorte de droit de jouissance public établi, reconnu sur ces galeries particulières qui se trouvaient ainsi transformées en expositions permanentes ; un régime de substitution perpétuelle était institué pour garantir ce droit. Ces substitutions sont garanties par la loi du 7 février 1892, qui se réfère à la loi du 28 juin 1871, mais qui, au lieu de prononcer simplement l'inaliénabilité et l'indivisibilité, déclare tout aliénateur ou acquéreur justiciable de l'article 203 du Code pénal, sans préjudice de peines plus graves (1).

Le décret du 19 mai 1882 est applicable aux étrangers sous condition de réciprocité. L'Italie n'a plus de convention particulière avec la France.

VI. *Luxembourg*. — La loi générale est du 25 janvier 1817. Les réglementations de détail ont été faites par arrêtés du grand-duc en 1822, 1838, 1841, 1845 et 1857.

Le Luxembourg a conclu avec la France un traité en date du 1er décembre 1865 (2).

VII. *Principauté de Monaco*. — La matière est régie actuellement par l'ordonnance du 27 février 1889,

---

(1) Romberg : *Etudes sur la propriété littéraire et artistique*, l'Edit. Pacca, p. 390. Lyon-Caen et Delalain, t. I., p. 377.
(2) V. Pays-Bas.

qui applique les mêmes règles à la propriété artistique qu'à la propriété littéraire, notamment pour l'enregistrement ; elle étend sa protection aux œuvres photographiques. L'ordonnance du 3 juin 1896 est venue compléter la première en décidant l'application de la loi aux artistes étrangers, pourvu qu'ils aient rempli les formalités exigées dans le pays de la première publication. Elle contient d'ailleurs des dispositions spéciales sur l'aliénation des œuvres d'art (1).

VIII. *Monténégro.* — Le Monténégro a adhéré à la convention de Berne, mais il n'a pas, que je sache, de législation spéciale sur la propriété littéraire et artistique.

IX. *Norwège.* — La Norwège a, depuis le 4 juillet 1893, une loi spéciale en matière artistique, loi qui a remplacé celle du 12 mai 1877. Le droit de reproduction appartient exclusivement à l'artiste même pour les reproductions mécaniques, et l'architecte est protégé par la loi même au point de vue de la reproduction d'un plan par un bâtiment. La reproduction elle-même donne lieu à la propriété artistique. La publication dans un journal n'entraîne pas l'aliénation totale de la propriété artistique. Tant que l'artiste est en vie, les créanciers ne peuvent saisir l'œuvre, réputée inédite tant qu'il n'a pas jugé à propos de la révéler par l'exposition ou la reproduction ; au moment de sa mort ou postérieurement, en

____

(1) *Droit d'auteur,* 1896, n° 7, p. 89.

cas de conflit à ce sujet entre les héritiers et les créanciers, la question sera soumise au ministère des cultes et de l'instruction publique.

La reproduction faite dans un intérêt de critique ou d'étude historique de l'art, n'est pas une contrefaçon. Le droit de l'artiste dure pendant sa vie et cinquante ans à partir de la fin de l'année de son décès.

La loi s'applique aux sujets norwégiens, en quelque endroit qu'ils publient leurs œuvres ; elle est également applicable aux œuvres d'artistes étrangers publiées par des éditeurs norwégiens. Elle peut, en dehors de cela, être rendue applicable par ordonnance royale à tel ou tel pays, sous condition de réciprocité.

La photographie reste protégée par la loi du 12 mai 1877, pendant cinq ans à partir de l'expiration de l'année où le premier exemplaire a été tiré ; la protection ne survit pas au photographe ; la condition est la mention sur chaque exemplaire du droit exclusif, de l'année où le premier a été tiré, du nom du photographe, et du nom de l'artiste, s'il s'agit d'une œuvre d'art (1).

La Norwège a adhéré à la Convention de Berne à la date du 16 avril 1896.

X. *République d'Haïti.* — Loi du 8 octobre 1885, générale sur la propriété littéraire et artistique.

XI. *Suisse.* — La Suisse a une loi générale sur la propriété littéraire et artistique, du 23 avril 1885, qui

-- -- -----

(4) Pat., 94, p. 242.

admet au bénéfice de ses dispositions l'architecture et la photographie, en réduisant sa protection pour celle-ci à un délai de cinq ans. L'enregistrement est exigé pour les photographies, qui ne sont l'objet d'aucun droit quand l'artiste a travaillé sur commande.

La loi suisse est applicable aux artistes suisses et aux artistes domiciliés en Suisse, à ceux aussi qui ont publié en Suisse, n'y étant pas domiciliés. Pour les autres, le bénéfice de la loi leur est acquis sous condition de réciprocité (1).

La Suisse, ayant dénoncé le traité qu'elle avait avec la France le 1er février 1892, ne se trouve plus liée, à notre égard, que par la Convention de Berne.

XII. *Tunisie*. — Loi générale du 15 juin 1889.

<h2 style="text-align:center">§ 3. — Pays avec lesquels la France</h2>

<h3 style="text-align:center">a des traités</h3>

1. *Autriche-Hongrie*. — L'Autriche-Hongrie a, outre la loi du 26 avril 1884, qui est générale, la loi du 19 octobre 1846, complémentaire de l'article 467 du Code pénal autrichien. La durée du droit est la même qu'en matière littéraire. L'artiste n'a le droit exclusif de reproduction sur son ouvrage que pour les moyens qu'il a employés pour cette reproduction, et à condition qu'il ait fait cette application dans le délai de deux ans à par-

---

(1) Pat., 86, p. 289 et 296.

tir de la publication de son œuvre. Les autres moyens de reproduction sont dans le domaine public.

La loi du 4 mai 1884 (Loi XVI sur le droit d'auteur) adopte, au point de vue de la photographie, le même système que l'Allemagne.

La protection est d'ailleurs assurée aux étrangers sous condition de réciprocité (Lyon-Caen et Delalain, t. I, p. 241.

II. *Bolivie*. — Loi générale du 15 août 1879.

III. *Mexique*. — (Code civil, art. 1306 et suiv.) La propriété artistique est perpétuelle comme la propriété littéraire. L'article 1306 statue d'ailleurs de la façon la plus large au point de vue du domaine de la propriété artistique ; elle est reconnue aux architectes, aux photographes, aux dessinateurs de cartes, et même aux calligraphes. Le dépôt est exigé, ce sera celui d'un exemplaire pour les œuvres de gravure, de photographie, d'un croquis ou dessin pour les autres.

La protection de la loi s'étend à toute œuvre publiée sur le territoire mexicain ; si elle est publiée à l'étranger la loi mexicaine pourra s'appliquer sous condition de réciprocité, pourvu que l'on ait observé la formalité du dépôt (L. C. et D. T. 2, p. 131).

IV. *Pays-Bas*. — Loi générale du 28 juin 1881 qui exige le dépôt. La loi spéciale sur la propriété artistique est celle du 25 janvier 1817, également applicable au grand-duché de Luxembourg. Le droit de reproduction est qualifié de droit de copie ; mais la jurisprence en fait la plus large interprétation, elle reconnaît d'ailleurs le droit des photographes (Lyon-Caen et Delalain, t. I, p. 459.)

V. *Portugal*. — La propriété artistique est comme la propriété littéraire protégée par les articles 570 et 612 du Code civil de 1867, les articles 457 et 460 du Code pénal de 1886. L'architecture et la photographie ne sont pas spécialement nommées ; un doute subsiste sur leur protection. De plus, le décret royal du 15 décembre 1894, range parmi les dessins et modèles industriels les œuvres des arts figuratifs ou plastiques, susceptibles de reproduction industrielle, pourvu toutefois qu'ils n'aient pas un caractère purement artistique (art. 158 et 159). L. et D. t. I, p. 467.

Le principe de la réciprocité est la base des rapports internationaux.

VI. *Roumanie*. — On n'est pas d'accord en Roumanie sur la question de la protection de la propriété artistique, les articles du Code pénal roumain sont calqués sur ceux du Code pénal français, mais la loi de principe manque totalement.

VII. *Salvador*. — Pas de législation.

VIII. *Brésil*. — On sait que le Brésil a une convention avec la France mais quelle est restée lettre-morte dans ce pays. La matière est régie par les articles du Code pénal (art. 345 et 350) d'une façon très générale d'ailleurs, puisque l'on se contente de dire que le droit exclusif porte sur la reproduction mécanique d'une œuvre d'art quelconque.

§ 4. — Pays qui n'ont pas de traité

avec la France.

Il y a tout d'abord, parmi ces états, des pays qui ignorent la propriété artistique, ou chez lesquels, tout au moins, elle n'a pas reçu de consécration légale, comme *la Serbie* (1) et *la Turquie*, qui en est encore au système des privilèges, l'Egypte, où les tribunaux mixtes ont le pouvoir de juger d'après les règles de l'équité quand la loi est muette, ce qui est le cas ; les *Etats de l'Amérique du Sud* qui n'ont pas le plus souvent de réglementation de la propriété artistique, mais seulement une promesse de législation le plus souvent pas réalisée, ou bien encore la formule vague d'un principe inséré dans une constitution. Mais l'absence de traités est plus étonnante pour la Suède, la Russie, les Etats-Unis et le Japon.

Suède. — La Suède est actuellement régie par deux lois : celle du 28 mai 1897 sur les œuvres d'art, et une autre du même jour concernant les photographies (2).

---

(1) La France et la Serbie ont conclu un traité de commerce, le 18 janvier 1883, dans lequel il y avait une promesse de convention dans un bref délai au sujet de la propriété littéraire et artistique. Je ne crois pas qu'elle ait été réalisée.

(2) *Le droit de l'auteur*, 1898, n° 17.

Grèce. — L'article 432 du Code pénal de 1833 ne protège que les œuvres des arts délinéatoires et non celles des arts plastiques; le Souverain a la faculté d'accorder des privilèges, même à des étrangers. Les artistes étrangers sont, en dehors de ces privilèges, protégés sous la condition de réciprocité. Deux commissions extraordinaires ont été nommées par le gouvernement pour doter la Grèce d'une législation en matière de propriété artistique.

Russie. — (Règlement sur la censure et la presse) (1886). — Les règles de la propriété littéraire s'appliquent à la propriété artistique, qui s'étend aux œuvres architecturales et photographiques. L'enregistrement est toujours exigé.

Etats-Unis. — (Loi du 3 mars 1891 et loi du 2 mars 1895 amendant l'article 4965, chapitre 3, titre 60 des statuts.) La même règle est appliquée aux œuvres d'art et aux ouvrages littéraires. Le dépôt se fait par une description et une photographie de l'œuvre.

L'étranger et en particulier le Français, (décret du 1er juillet 1891) est admis au bénéfice de la loi à condition de dépôt fait simultanément dans son pays et aux Etats-Unis. En matière de photographie la loi du Copyright ne favorise guère que les Américains puisqu'il faut pour la protection légale que les clichés aient été faits

____

(1) La situation des artistes dans le pays ottoman, n'est pas pour cela sacrifiée, étant donné le pouvoir de juridiction accordé aux consuls. Toutes les fois qu'il s'agira des rapports de deux artistes dont aucun n'est ottoman, les règles des deux pays s'appliqueront.

sur le territoire des Etats-Unis. La photogravure et les moyens de reproduction dérivés de la photographie ne sont pas soumis à cette obligation. (Lyon-Caen et Delalain, t. 2, p. 101. Droit d'auteur 1891 p. 27).

Remarque sur les colonies françaises. — Le décret du 29 octobre 1887 a rendu applicables aux colonies françaises le régime métropolitain, au sujet de la propriété littéraire et artistique, et fait ainsi cesser l'anomalie qui existait avant lui au sujet du régime des colonies par rapport à celui de la France. Un décret du 9 décembre 1857 avait bien décidé l'application des lois alors parues, dans les colonies ; les lois qui s'étaient succédé depuis cette époque étaient toutes restées sans application de l'autre côté de l'océan. L'assimilation que l'on avait voulu établir, s'était tout de suite trouvée rompue, et le décret du 29 octobre 1887 constitue un acte législatif qui n'a rien de superflu (1).

(1. Sauvel : *La propriété littéraire et artistique dans les colonies,* 1882.

Vu :
Le Président de la thèse.
G. BOURCART.

Vu :
Pour le Doyen empêché,
l'assesseur,
R. BLONDEL.

Vu et permis d'imprimer :
Nancy, le 11 juin 1892
Le Recteur,
A. GASQUET

BIBLIOGRAPHIE

ACCOLAS. — *La propriété littéraire*, 1888.

ALLART. — *De la contrefaçon*, 1889.

BIGEON. — *La photographie et le droit*, 1893.

BLANC. — *Traité de la contrefaçon en tous genres*, 1855.

BONNAFFÉ. — Paradoxes : *La Contrefaçon*. Dans la *Gazette des Beaux-Arts*, An. 1874 (2ᵉ Pér., T. IX, p. 326).

CALMELS. — *De la propriété et de la contrefaçon des œuvres de l'intelligence*, 1857.

COLLET et LE SENNE. — *Etude sur la propriété des œuvres posthumes*, 1879.

CONSTANT. — *Code général sur les droits d'auteur*, 1888.

COLLIN. — *Le droit des auteurs et des artistes, en droit romain en droit français et en droit international*, Rennes, 1894.

GASTAMBIDE. — *Traité théorique et pratique des contrefaçons en tous genres*, 1837.

GASTAMBIDE. — *Historique et théorie de la propriété des auteurs*, 1862.

HUARD fils. — *Des contrats entre les auteurs et les éditeurs*, 1888.

LYON CAEN et DELALAIN. — *La propriété littéraire et artistique*, 1889.

MORILLOT. — *De la protection accordée aux œuvres d'art en Allemagne*, 1878.

NION. — *Droit civil des auteurs, artistes, etc.*, 1846.

PHARAON (Florian). — La peinture et la sculpture chez les Musulmans, *Gaz. des Beaux-Arts*, année 1879, 2ᵉ période, t. I, p. 442.

POUILLET. — *Traité théorique et pratique de la propriété littéraire et artistique et du droit de représentation*.

RENDU et DELORME. — *Traité pratique du droit industriel*, 1855.

RENOUARD. — *Traité des droits d'auteurs*, 1838.

Romberg. — *Etudes sur la propriété artistique et littéraire*, 1892.

Sauvel. — *La propriété littéraire et artistique dans les colonies françaises*, 1882.

Vaunois. — *De la propriété artistique*. Thèse Paris, 1884.

Walewski. — *Comptes rendus de la Commission de la propriété littéraire et artistique*, 1883.

Jurisprudence. — Sirey. — *Jurisprudence générale*.

Dalloz. — *Périodique et alphabétique*.

Gazette du Palais.

Pataille. — *Annales de la propriété industrielle littéraire et artistique*.

Revues. — *Revue politique et littéraire*, année 1877. *Le Droit d'auteur*, organe du Bureau international de l'union de Berne, depuis 1888.

Bulletin de l'Union syndicale des architectes français, Décembre 1894.

Revue de droit commercial. Revue générale. Bulletin de l'Association littéraire et artistique internationale, 1890.

TABLE DES MATIÈRES